D1725110

Sigi Oblander

Zieh mich hin zu Dir Herr, lass uns zusammen laufen

Eine Auslegung des Hohen Liedes

Sigi Oblander

Zieh mich hin zu Dir Herr, lass uns zusammen laufen

Eine Auslegung des Hohen Liedes

teamwork

Verlag, Musik + Handel GmbH

Impressum

Titel der amerikanischen Originalausgabe:

Song of Solomon

First published 2002 by Sigi Publications cc.

P.O. Box 392, Plettenberg Bay 6600 South Africa

ISBN: 0-620-29813-8, © Sigi Oblander

Reproduction by: The Repro House, Port Elizabeth

German © der deutschen Ausgabe 2006

by teamwork 17.12

Verlag, Musik + Handel GmbH

61191 Rosbach-Rodheim, Germany

E-Mail: Info@teamwork17-12.de

www.teamwork17-12

Alle Rechte vorbehalten

ISBN: 3-936811-09-1

Die Bibelstellen wurden der Schlachter-Bibelübersetzung entnommen. Andere Übersetzungen sind extra gekennzeichnet. Die Autorin hat die New King James Version verwendet. Da die Schlachter-Übersetzung nicht immer den genauen Wortlaut, bzw. dieselben Begriffe wie die New King James verwendet, haben wir manche Wörter bzw. Begriffe direkt übersetzt, sie sind mit d. Ü. gekennzeichnet.

Übersetzung: Marita Wilczek

Lektorat: Ruth Selg

Umschlaggestaltung/Satzlayout: Creativ.Werbe.Design.Bonnert, Friedberg

Druck:GGP Media GmbH, Pößneck

Inhalt

Vorwort der Autorin

Kaum ein Buch der Bibel wurde und wird so oft missverstanden wie das Hohelied Salomos. Ich erinnere mich noch, wie einer unserer Lehrer in der Bibelschule zu uns sagte: „Bevor ihr nicht fünfzig Jahre alt seid, solltet ihr gar nicht erst anfangen, aus dem Hohelied zu lehren." Diesen Rat habe ich nicht befolgt. Das Hohelied hat mich auch in jüngeren Jahren schon fasziniert und beschäftigt und seit vielen Jahren lehre ich aus dem Hohelied, weil es für mich der Herzschlag Christi, des Bräutigams, für seine Gemeinde ist.

Es hat einen ganz bestimmten Grund, wenn viele von uns nur wenig Vollmacht haben – wir beschäftigen uns zu sehr mit uns selbst. Die Salbung wird das Joch unseres Egoismus nur dann brechen, wenn wir unser Hauptaugenmerk auf Gott konzentrieren. Heute kreisen viele, viele Christen ständig um sich selbst. Ich sage nicht, dass wir uns nicht lieben sollten. Wir sollen uns lieben, denn dann werden wir auch unseren Nächsten lieben können. Aber diese Liebe hat nichts mit einer überzogenen Selbstbeschäftigung oder Selbstverliebtheit zu tun.

Wenn ich das Hohelied betrachte, wird mir bewusst, dass Gott sich selbst in und durch Liebe ausdrückt. Ich werde nie vermitteln können, wer Christus ist, wenn ich keine Liebe ausdrücken kann. Und es ist nicht eine Liebe, die auf Gefühlen beruht, sondern eine zum Ausdruck gebrachte Liebe, die unser Herr lehrte.

Zehn Jahre lang schmuggelte ich Bibeln hinter den Eisernen Vorhang. Ich hatte eine andere Auffassung von Liebe als viele in der westlichen Gesellschaft und in anderen Kulturen. Liebe ist nicht dazu da, persönliche Bedürfnisse zu erfüllen oder sentimentale Gefühle zu erleben. Sie ist die Kraft, Feinde zu lieben, Hass und Ablehnung zu absorbieren und Freundlichkeit zu erweisen.

In der Konfrontation mit Ablehnung, Hass oder Abneigung kann ein Mensch diesen Einstellungen zwar mit einem emotionalen Empfinden der Liebe begegnen, aber das bedeutet nicht, dass hier die Fähigkeit vorliegt, Liebe auszudrücken. Liebe hat die Kraft, jeden Damm und jede Begrenzung zu brechen, die ein Herz umschließen können. Jesus sagte in Johannes 8,36: *„Wenn euch nun der Sohn frei machen wird, so seid ihr wirklich frei."*

In Offenbarung 19,7 heißt es:

„Lasst uns fröhlich sein und jubeln und ihm die Ehre geben!
Denn die Hochzeit des Lammes ist gekommen, und seine
Frau hat sich bereit gemacht."

Gott bereitet sich seine Braut, aber die Braut muss sich auch selbst vorbereiten und bereit sein. Nirgendwo sonst spricht die Bibel mehr über die Intimität und Liebe als im Hohelied, doch es wird meist als mysteriös empfunden. Viele haben immer wieder versucht, die geistige Bedeutung der Worte und die romantische Sprache zu deuten.

Unzählige Male habe ich meiner Frau Sigi zugehört, wenn sie über das Hohelied predigte oder ihre Auslegungen gelesen. Ich habe begriffen, welche Reichtümer und Schätze unter der Oberfläche verborgen liegen. Der Heilige Geist schenkt jedem wunderbare Unterweisung und Offenbarung, der sich nach einer tieferen und intimeren Beziehung mit Christus sehnt. Diese Auslegung wird den Leser inspirieren und ihm bewusst machen, wie wichtig es ist, verstärkt danach zu trachten, beim Hochzeitsmahl des Lammes dabei zu sein.

David Oblander

Dank

Es war eine Freude, diese Bibelstudium zu schreiben;
mit jedem Vers wurde mir die Liebe Jesu reicher
und kostbarer.
Ich bin so froh, dass ich den Honig aus dem Felsen mit
Ihnen teilen kann.
Ohne die Hilfe meines Mannes David und meiner ehemali-
gen Mitarbeiterin Ranaté wäre es nie zustande gekommen.
Ich danke David, der meine Gedanken erfasst und einen
fließenden Text daraus geschaffen hat, ohne meinen Stil zu
verändern.
Ich möchte auch Ruth Selg und ihrem Team meinen herz-
lichen Dank ausdrücken. Ruth setzte sich nicht nur unermüd-
lich für eine deutsche Übersetzung dieses Bibelstudiums ein,
sondern ist auch die Verlegerin der deutschen Ausgabe.

Vielen Dank für alle eure Arbeit und Mühe.

Einleitung

Das Hohelied wurde für mich in dem Moment lebendig, als ich eine Predigt von Sigi mit dem Titel „Eine Stimme mit Kraft und Autorität" hörte, in der sie über die Geschichte Davids und Bathsebas und über die Geburt Salomos spricht.

Hohelied 3,11: *„Kommt heraus, ihr Töchter Zions, und betrachtet den König Salomo mit dem Kranz, mit dem seine Mutter ihn bekränzt hat an seinem Hochzeitstag, am Tag der Freude seines Herzens!"*

Ich glaube, Bathseba ist einer Frau unserer Zeit, die von Gott gebraucht wird, sehr ähnlich. Einige Dinge müssen in unseren Köpfen erst wieder zurechtgerückt werden, weil sie unser Fassungsvermögen weit übersteigen. Gott erlöst uns und macht uns frei, um uns in unsere Bestimmung und Berufung hineinzubringen.

Sie war das Kind eines Vaters, der zu den mächtigen Helden Davids (2. Samuel 11,3) gehörte. Er war einer, der David schon in der Zeit nachfolgte, als er sich in Höhlen verstecken musste, er war einer derjenigen, der sein Leben für David gegeben hätte. Der Name ihres Mannes, Uria, bedeutete: „Der Herr ist meine Sehnsucht".

Als Bathseba auf das Hausdach ging, wollte sie dort sicherlich kein Bad nehmen, sondern sich nach dem Ende ihres Monatszyklus' reinigen. Sie wusch sich, wie es im Gesetz vorgeschrieben war, da eine neue Zeit der Intimität und des Empfangens neuen Lebens angebrochen war. Als David sah, dass sie sich reinigte, wusste er auch, dass sie folglich empfängnisbereit war. Er ließ sie zu sich holen, weil er ihre Schönheit gesehen hatte.

In 2. Samuel 12,16-25 wird vom Tod des Kindes gesprochen. Bathseba befand sich im Palast; Uria war tot. Sie brachte einen namenlosen Sohn zur Welt. Erst später in der Chronik wird sein Name genannt: Schimea. Das Kind starb am siebten Tag, am achten Tag hätte es beschnitten werden müssen.

Später lesen wir in der Bibel, dass Bathseba vier Kinder mit David hatte, Salomo war der Jüngste. 1. Chronik 3,5: „Und diese wurden ihm in Jerusalem geboren: Schimea und Schobab und Nathan und Salomo, vier von Bathschua [Bathseba], der Tochter Ammiels."

Es starben also noch zwei Kinder bevor Salomo geboren wurde und es war nicht so, dass sich nach dem Tod des ersten Kindes Frieden und Vergebung einstellten. Weitere Monate und Jahre folgten. Als „Frieden und Vergebung" geboren wurde, sandte Gott den Propheten, der Folgendes sagte: „… gab ihm den Namen Jedidjah, um des HERRN willen" (2.Samuel 12,25). Jedidjah bedeutet: „der vom Herrn Geliebte".

Nun verstehen wir, warum Salomo das Hohelied schrieb, denn es gab wohl niemanden, der die Liebe des Herrn so verstand wie Salomo. Der Prophet kam und sagte, dass er nicht nur Salomo – „Frieden und Gerechtigkeit" – sei, sondern dass aus Frieden und Gerechtigkeit der „Geliebte des Herrn" hervorgehe. Als aus der Einheit der Herzen Davids und Bathsebas der Geliebte geboren wurde, wurde auch Frieden und Gerechtigkeit geboren. Salomo war derjenige, der den Tempel bauen sollte, um Gottes Herrlichkeit in dieser überwältigenden Größe und Pracht mitten unter das Volk zu bringen.

Ranaté

Erwachen

Vers 1: **Das Lied der Lieder, von Salomo.**

Vers 2: **Er küsse mich mit den Küssen seines Mundes!
Denn deine Liebe ist besser als Wein.**

Vers 3: **Lieblich duften deine Salben;
dein Name ist wie ausgegossenes Salböl:
darum lieben dich die Jungfrauen!**

Denn deine Liebe ist besser als Wein. Oft spricht der Heilige Geist im Hohelied vom Wein, weil Alkohol unser Denken beeinflusst. Auf der geistlichen Ebene ist es der Heilige Geist, der unser Denken beeinflusst, indem er uns den Sinn Christi offenbart; und doch sagt der Herr, dass seine Liebe besser als Wein ist. Der Ausdruck seiner Liebe ist besser als mein eigenes Leben, denn indem Gott mir seine Liebe zeigt, kann ich sein Herz berühren. Viele von uns wissen nicht, wie sie Liebe annehmen können, weil unsere Herzen nicht offen sind und sie nicht erfassen können.

Dein Name ist wie ausgegossenes Salböl. Um salben und gesalbt werden zu können, braucht man ein Gefäß, aus dem das Salböl ausgegossen wird und das Salböl selbst muss aus den richtigen Bestandteilen zusammengemischt sein. Oft stellen Christen mir Fragen über die Salbung. Ich glaube, dass wir ohne die Salbung überhaupt nichts tun können. Oft versuchen wir mit großen Anstrengungen, über unsere Begrenztheit hinauszuwachsen, doch nur die Salbung kann das Joch brechen und uns freisetzen. Das hat nichts mit einem vorübergehenden Gänsehautgefühl zu tun.

Salbung bedeutet, von Kopf bis Fuß eingehüllt zu werden; das Licht und die Offenbarung des Heiligen Geistes auszustrahlen. Sie ist ein Lebensstil, in den Gott die richtigen Bestandteile hineinbringt, um das Joch zu brechen, und sie bringt die uns fehlende Dimension hervor.

Die meisten Christen setzen Salbung mit Dienst gleich, doch der Herr sagt: *„Dein Name ist wie ausgegossenes Salböl."* Das bedeutet, dass sein Name, seine Identität, ein Wohlgeruch in unserem Leben werden muss, und es gibt keinen Wohlgeruch, solange unser Leben nicht für ihn ausgegossen wird.

Vers 4: **Zieh mich dir nach,**
so laufen wir! *(lass uns eilen! Elb.)*
Der König hat mich in seine Gemächer
gebracht;
wir wollen jauchzen und uns freuen an dir,
wollen deine Liebe preisen, mehr als Wein;
mit Recht haben sie dich lieb!

Oftmals gibt es Träume und Wünsche in unserem Leben, die durch ein Samenkorn der Hoffnung und des Glaubens in uns eingepflanzt wurden, die wir aber nicht zum Durchbruch bringen können. Wenn wir Träume und Visionen nicht zur Geburt bringen können, entsteht ein Mangel, weil wir uns nach Erfüllung sehnen. Nur Jesus Christus kann im inneren Menschen die Energie wecken, auf eine neue Ebene kommen zu wollen.

Jesus erklärt in Johannes 6,44: *„Niemand kann zu mir kommen, es sei denn, dass ihn der Vater zieht, der mich gesandt hat ..."* Das **Ziehen** ist kein Überwältigen oder Überreden, sondern ein Erwecken. In Johannes 6,45 steht: *„Es steht geschrieben in den Propheten: ‚Und sie werden alle von Gott gelehrt sein'. Jeder nun, der vom Vater gehört und gelernt hat, kommt zu mir."* Das Erwecken geschieht durch Lehren und Hören und indem wir lernen, wie wir in unser innerstes Sein blicken. Wenn wir vom Schöpfer den Grund für unsere Erschaffung erfahren, sind wir fähig, den Preis zu zahlen, um zu ihm zu kommen.

Aber es muss zuerst ein Weggehen, ein Loslassen geben. Wenn wir erweckt werden, gehen wir nicht nur weg, sondern werden sogar von den Dingen weglaufen, die uns zurückhalten, und kommen so ganz rasch zu ihm. Viele von uns kommen nie an, weil wir nicht fähig sind, uns von unserem alten Menschen und seinen Wünschen und Begierden zu trennen. Weil der Prozess zu langsam verläuft, erkaltet unsere Liebe, und wir bleiben in unseren Träumen stecken, ohne Erfüllung zu finden.

In Psalm 119,30-32 steht: *„Den Weg der Treue habe ich erwählt und deine Bestimmungen vor mich hingestellt. Ich halte fest an deinen Zeugnissen; HERR, lass mich nicht* zuschanden werden! Ich laufe den Weg deiner Gebote, denn du machst meinem Herzen Raum."

Der König hat mich in seine Gemächer gebracht; wir wollen jauchzen und uns freuen an dir. Gemächer bedeuten Intimsphäre, innigste Vertrautheit in Gebet und Gemeinschaft. Der König führt seine Braut nicht aus bloßer Verliebtheit und sinnlichem Verlangen in die intime Sphäre seines Herzens. Er sieht, dass sie ihm in Treue und Geduld folgt. In Hebräer 12,1 steht: „... *lasst uns mit Ausdauer laufen* ..." Indem sie dem König folgt, zahlt sie einen Preis und erlangt die Belohnung, die darin besteht, dass sie in eine innige Vertrautheit, Gemeinschaft und Begegnung mit dem König geführt wird – an den einzigen Ort, an dem er ihr seine Liebe offenbaren kann.

Viele von uns wissen, dass Christus uns liebt, weil er sich aus Liebe für uns am Kreuz geopfert hat, aber die Offenbarung seiner Liebe erfahren wir erst an dem verborgenen Ort, den wir nicht von uns aus aufsuchen können, an den aber er uns führt. Zuerst ist es nur ein Besuch, bis es dann zu dem Ort wird, an dem wir wohnen. Deshalb sagt das Mädchen auch zuerst: „Wir ... wollen deine Liebe preisen, mehr als Wein." Das Wort für *preisen* kann auch mit *sich erinnern* übersetzt werden. In Zeiten der Einsamkeit, Dürre und Sehnsucht ist es so wichtig, sich zu erinnern. In solchen Zeiten erinnert sie sich an seine Liebe, nicht an den Wein. Diese Liebe ist in ihrem Inneren stärker verwurzelt als die Erinnerung an die Feier, den Anlass. Seine Liebe weckt ihre Liebe. Die Gerechten sind die-

jenigen, die Gott gefallen wollen und mit seinen Wegen ein-
verstanden sind; es sind diejenigen, die ihn aufrichtig lieben
und bereit sind, ihr Leben für den König hinzugeben – nicht
diejenigen, die nur in die Liebe verliebt sind.

Vers 5: **Schwarz bin ich, aber lieblich,**
ihr Töchter Jerusalems,
wie die Zelte Kedars,
wie die Vorhänge Salomos.

Die Offenbarung der Liebe verleiht ihr neue Zuversicht. Sie
sagt, dass sie dunkel oder schwarz ist, womit sie ein Leben
beschreibt, das Schwierigkeiten und Bedrängnisse mit sich
brachte. Ihr Leben ist beschwerlich, ein Leben, das andere
Menschen offensichtlich nicht wertschätzen, doch sie weiß,
ihr Leben hat seinen Ursprung in der Verborgenheit einer innigen Vertrautheit mit Gott. Auch wenn die heiße Sonne der
Bedrängnis sie verbrannte und sie in den Augen anderer
unvollkommen erscheinen ließ, weiß sie, dass sie anziehend
und schön ist und erkennt, dass ihr Leben lebenswert ist und
sie sich am Leben freuen kann.

... wie die Zelte Kedars, wie die Vorhänge Salomos.
Kedar war der Sohn Ismaels. Sein Name bedeutet *dunkel* und
bezeichnete ein Volk, das in Nomadenzelten, die aus schwarzen Ziegenfellen hergestellt wurden, wohnte. Ismael bedeutet
auch: „Gott wird hören". Seine Mutter Hagar lief von ihrer
Herrin Sarai weg, aber der Engel des Herrn wies sie an, sich
Sarai unterzuordnen (1. Mose 16,9), nur so konnte sie Ismael

in Sicherheit zur Welt bringen; aber der Engel sagte ihr auch, dass Ismael ein wilder, ungebändigter Mann werden würde.

Die Braut erkennt, dass sie nicht nur wegen ihrer Gebrochenheit schwarz ist, sondern auch durch das Leid, das wir Menschen erfahren, wenn wir nicht gelernt haben, uns Gott anzuvertrauen, während er jenen wunderschönen **Vorhang** des Lebens webt, der Fleisch und Geist trennt. Der Vorhang, der das Heiligtum vom Allerheiligsten trennte, war violett, purpurn und scharlachrot.

Es gibt Zeiten in unserem Leben, in denen wir die Saat unserer fleischlichen Natur ernten, weil wir in unserer Unabhängigkeit und Eigenwilligkeit gelebt haben und so der Vitalität des Lebens beraubt wurden. In solchen Zeiten wirkt die Hand Gottes in uns und führt die Nadel des Leids, um den Gehorsam der Annahme seines Willens und Webens hervorzubringen – wie in den Vorhängen Salomos –, und um in unserem Leben ein herrliches Muster der Vorsehung zu weben.

Gott liebt und schafft Farbe. Der Priester trug die Farben aller Stämme auf seiner Brust. Er trug Israel auf seinem Herzen. Unsere Bestimmung in Christus wird von Menschen nicht verstanden, wenn sie unser Leben nur als schwarzweiße, durch Religion gezeichnete Skizzen wahrnehmen; doch aufgrund unserer Beziehung mit Gott wird jedes Detail des Lebens ans Licht kommen, und wie im Frühling, nach einem langen Winter, wird das herrliche Farbspiel, das der Meister webt, in anderen Menschen Hunger nach Jesus und nach dem Leben wecken.

Vers 6: **Seht mich nicht an, weil ich so schwärzlich bin,
weil die Sonne mich verbrannt hat!
Die Söhne meiner Mutter zürnten mir,
sie setzten mich zur Hüterin der Weinberge;
[doch] meinen eigenen Weinberg habe ich nicht
gehütet!**

Oft haben Menschen eine bestimmte Auffassung von Heiligkeit und Heiligung, die auf den Anstrengungen ihres eigenen Fleisches beruht. Genau davon sprach Jesus, als er sagte, dass die Schriftgelehrten ihre Gräber weiß getüncht hätten. Oft versuchen wir, uns mit Wissen „weiß zu waschen", wir wollen uns von unseren Makeln befreien. Wir wissen aufgrund unseres Umfelds ganz genau, wie wir unserem dunklen (schwarzen) Fleisch mit menschlicher Weisheit einen smarten Anstrich geben. Wir strengen uns so sehr an, heilig zu sein, ohne zu wissen, was wahre Heiligkeit ist.

Die Braut versteckt sich nicht. Sie drückt auf unterschiedliche Weise immer wieder dasselbe aus: „Schau nicht auf meine Unvollkommenheiten und verurteile mich nicht, weil ich nicht in deine Vorstellungen und Schubladen passe. Mache nicht denselben Fehler wie meine Brüder, die mich verurteilten, weil ich mich nicht innerhalb ihrer geschützten Umgebung bewegte und keine Angst hatte, die Herausforderungen des Lebens zu erforschen und mich in Situationen zu begeben, in denen die Hitze der Bedrängnis mich schwärzte."

Ihre Brüder verstanden sie nicht und wurden sogar zornig auf sie. Diese Einstellung kenne ich aus eigener Erfahrung.

Oft machte mir der Zorn und die ablehnende Haltung von Menschen zu schaffen. Der Zorn von Brüdern in Christus, die kein Verständnis für meine Entscheidungen hatten, weil ich trotz ihrer Einwände und Argumente ihre schützende Obhut verließ.

Während meiner Bibelschulzeit erlebte ich manch herausfordernde Situation, weil ich mir noch nicht sicher war, welche Berufung Gott für mich hatte. Ich wollte mich nicht einfach für einen bestimmten Dienst festlegen lassen, nur weil manche glaubten, dies sei der Weg für mich. Manche dachten, ich sei rebellisch, nicht bereit mich unterzuordnen. In solchen Zeiten werden wir leicht zu Gefangenen der Meinungen und des Zornes von Menschen.

Die Braut sagte: **Weil die Sonne mich verbrannt hat … setzten [sie] mich zur Hüterin der Weinberge; [doch] meinen eigenen Weinberg habe ich nicht gehütet!** Im Weinberg wächst der neue Wein. Auch in unserem Weinberg wächst die neue Frucht, die sich auf unser Denken und unsere Einstellungen auswirken wird. Unser Denken wird manchmal stärker durch das Missfallen der Glaubensgeschwister beeinträchtigt, die das nicht verstehen und versuchen, uns mit Überredungskünsten und wachsendem Druck zu verändern, damit wir uns ihren Glaubensüberzeugungen und Meinungen anpassen. Zur *„Hüterin der Weinberge"* gemacht zu werden bedeutet, die Gedankengänge anderer Menschen in meinem Leben zu bewahren und beizubehalten. Wie können wir frei sein, wenn unser Denken durch Religion beeinträchtigt wird? Hier erkennt die Braut, dass sie nie ihre eigene Meinung hinterfragt hat und sie gar nicht die Freiheit hat, zuzustimmen oder im Einklang mit ihrer eigenen Bestimmung zu leben. Die Braut darf nicht durch das Missfallen der Brüder geformt werden. Sie muss selbst herausfinden, wie sie durch ihr Leben dem Geliebten gefallen kann.

Wir wissen heute, dass unser Denken durch unsere Erziehung und unseren kulturellen Hintergrund bestimmte Fragen einfach übernommen hat und geprägt ist – Fragen, die wir jedoch nie zu stellen wagen. Viele Menschen werden aber auch entmutigt, weil sie Fragen stellen, die aus Leid und Not entspringen und haben dann noch mehr Probleme. Nach der Wahrheit Suchende werden sich aber nicht davon abbringen lassen, genau die Fragen zu stellen, die ihnen dann auch die richtigen Antworten bringen. Das Erschließen von Geheimnissen ist ein mächtiger Schlüssel, der uns Lebensbereiche eröffnet, in die wir sonst vielleicht nie eintreten würden. Im Hohelied wird ein einfaches Dorfmädchen zur Braut. Liebe erweckt ihr Herz für neue Ebenen des Lebens.

Vers 7:   Sage mir doch, du, den meine Seele liebt:
Wo weidest du?
Wo hältst du Mittagsrast?
Warum soll ich wie eine Verschleierte sein
bei den Herden deiner Gefährten?

Die Braut fragt den Geliebten, wie sie auf eine neue Ebene des Lebens gelangen kann. Sie erkennt, dass es in Christus einen

Platz gibt, an dem sie in seinem Schatten Schutz vor der Hitze des Tages finden kann. Sie weiß, dass sie sich wie Esther eine längere Zeit intensiven Schönheitsbehandlungen unterziehen muss, damit sie dem König in jeder Hinsicht gefällt. Sie muss seinen Schafen gleich werden, die seine Stimme kennen und ihm folgen, damit sie in der Hitze des Tages ruhen kann.

Warum soll ich wie eine Verschleierte sein bei den Herden deiner Gefährten? Tamar verschleierte und prostituierte sich, um die Erfüllung des Versprechens zu erlangen, das Juda ihr gegeben hatte (1. Mose 38,14). Er hatte versprochen, ihr seinen jüngsten Sohn zum Ehemann zu geben und Tamar musste erkennen, dass Juda sich nicht daran gebunden hielt. Die Braut erklärt hier, dass sie sich nicht länger zu verschleiern braucht. Sie darf so sein, wie sie ist, weil sie von dem, der sie berührt hat, geliebt und verstanden wird. Sie muss nicht länger bei ihren Bekannten und Freunden nach Gunst suchen. Sie braucht nicht länger von den Schatten der Vergangenheit zu zehren.

**Vers 8: Ist es dir nicht bekannt,
du Schönste unter den Frauen,
so geh nur hinaus, den Spuren der Schafe nach,
und weide deine Zicklein
bei den Wohnungen der Hirten!**

Manchmal haben wir Wünsche und Sehnsüchte, von denen wir nicht wissen, wie sie erfüllt werden können. Solche Wünsche und Sehnsüchte führen meist zu einem Gebetsleben, das lediglich von Bitten ausgefüllt wird. Jesus und der Heilige Geist erhören unsere Bitten nicht einfach nur deshalb, weil wir gebetet haben. Gebete sind nicht immer die Lösung, die uns tiefer in seine Gegenwart bringt. Der Geliebte sagt der Braut, dass er, wenn sie den Weg nicht kennt, ihr den Weg zeigen wird. Jesus sagte, dass er selbst „der Weg" ist (Johannes 14,6). Wir können nur auf dem Weg Fortschritte erzielen, den auch andere vor uns gegangen sind. Selbst Jesus musste diesen Weg gehen. Er sagte, dass wir, wenn wir den Weg nicht kennen, den **Fußspuren** der Herde folgen sollen. Je größer Gottes Herrlichkeit ist, desto tiefer sind die Fußspuren. Die Bibel ist voller Fußspuren von Männern und Frauen starken Glaubens, die dem großen Hirten, Jesus Christus, nachfolgten. Die tiefsten Fußspuren entstanden durch das Tragen des Kreuzes. Die schönsten Fußspuren sind diejenigen, die uns zu den **Wohnungen der Hirten** führen, wo wir die **Zicklein** weiden können.

Unsere erste Liebe gilt Christus, aber es gibt viele Beziehungen, die wir pflegen und nähren müssen. Oft haben wir auf unserem Lebensweg nichts zu geben. Selbst die Jünger konnten Jesus nichts zu essen geben, als er hungrig war. Sie mussten losziehen und etwas kaufen. Manchmal sind wir so sehr damit beschäftigt, Zweck und Sinn zu finden, dass wir unfähig sind, die Menschen in unserer Umgebung zu nähren und ihnen weder Substanz noch Kraft geben können. Doch wenn wir zur Ruhe gelangen und aufhören zu ringen, können wir neben den Zelten der Hirten Beziehungen nähren und das Band der Liebe stärken.

**Vers 9:   Einer Stute am Wagen des Pharao
vergleiche ich dich, meine Freundin!**

Die meisten Menschen, die heutzutage heiraten, haben das starke Bedürfnis, füreinander körperlich anziehend zu sein. Sie wollen sexuell frei sein, aber meist sind sie nicht einmal frei genug, eine tiefe Zärtlichkeit auszudrücken.

In die Ehe „gegeben" zu werden bedeutet in der hebräischen Umgangssprache, gepriesen zu werden. Der Ehemann rühmt die tugendhafte Frau (Sprüche 31,28). Zu preisen bedeutet zu prahlen, zu rühmen, zu leuchten, Licht auszustrahlen, ausgelassen zu reagieren; verheiratet zu werden. Viele Ehepaare lieben einander auf vielerlei Weise und doch gibt es dabei gerade heutzutage auch das eifersüchtige Achten auf den eigenen Ruhm und die eigene Kraft, und wir gehen dadurch nicht gemeinsam in der Kraft Gottes voran.

Christus freut sich über seine Braut, rühmt sie und vergleicht sie mit den kraftvollen **Pferden** vor den Streitwagen des **Pharaos**. Der Pharao besaß die besten Pferde. Oft sehen wir nur unsere Fehler und Schwächen, aber Christus sieht die Stärke seiner Braut. In Hiob 39,19-24 wird ein Kriegspferd beschrieben. Dort steht: *„Bringst du es zum Springen wie eine Heuschrecke? Sein stolzes Schnauben klingt schrecklich!"* Ein Pferd ist ein Fluchttier, kein Raubtier.

Die Kinder Israels kamen nicht in das verheißene Land, weil sie eine „Heuschrecken-Mentalität" hatten. Ihre Ängste vor den neuen Herausforderungen machten sie schwach und sie wurden zu Feiglingen. Sie versuchten gar nicht erst, die Riesen zu bezwingen.

Die Braut jedoch hat keine Heuschreckenmentalität. In Hiob 39,21 steht: *„Es [Pferd] scharrt den Boden, freut sich seiner Stärke; es zieht los, den Waffen entgegen."* Ein Pferd wird seine Kraft erst dann einsetzen, wenn sein Wille gebrochen wurde und es dem, der es lenkt oder reitet, völlig vertraut. Viele von uns sind zwar gezähmt, aber nicht gebrochen. Gebrochen zu sein bedeutet nicht, emotionalen, intensiven Schmerz zu haben, sondern es bedeutet, sich dem Heiligen Geist zu fügen, der uns lehrt, auf seine Führung und Leitung zu vertrauen.

Die Braut spottet der Furcht und lässt sich nicht einschüchtern (Hiob 39,22). In Sacharja 10,3 steht: *„Mein Zorn ist entbrannt über die Hirten, und die Böcke werde ich strafen; denn der HERR der Heerscharen hat sich seiner Herde, des Hauses Juda, angenommen und hat sie hergerichtet wie sein Prachtross im Kampf."*

Ihr Geliebter lobt sie. Er sieht ihre Stärke und die Hingabe, mit der sie ihm nachfolgt. Wir sind schwach in uns selbst, aber stark in ihm.

Vers 10: Deine Wangen sind lieblich in den Kettchen, dein Hals in den Perlenschnüren!

Vers 11: Wir wollen dir goldene Kettchen machen mit silbernen Punkten!

Der Geliebte weiß, dass wir aus uns heraus nicht fähig sind, dem Teufel zu widerstehen. Er lehrt uns aber auch, dem Bösen nicht aus eigener Kraft zu widerstehen, sondern das Böse in seinem Sieg zu überwinden. Er bot seine Wange dar und wurde an unserer Stelle geschlagen, und in seinen Wunden sind wir geheilt, so dass wir seinem Beispiel folgen und unsere Wange hinhalten können. Jesus lehrte in Matthäus 5,39: *„Ich aber sage euch: Ihr sollt dem Bösen nicht widerstehen; sondern wenn dich jemand auf deine rechte Backe schlägt, so biete ihm auch die andere dar."* Hier lehrt Jesus uns, dass es nicht durch Heer oder Kraft geschieht, sondern durch den Heiligen Geist.

An der **Wange**npartie kann man den Gesichtsausdruck mit ablesen. Die Schönheit Christi drückt sich in vielen kostbaren Juwelen aus, die wir durch seine Gnade empfangen.

Der **Hals** trägt den Kopf. Er ist das Körperteil, mit dem wir auch unserer Körpersprache Ausdruck verleihen können, denn nicht nur Worte haben die Kraft, etwas auszudrücken. **Goldene Ketten** umschließen den Hals der Braut und strahlen in jedem Augenblick ihres Lebens göttliche Herrlichkeit aus.

In der englischen Übersetzung „New Century Version" lautet Vers 11: **Wir werden dir goldene Ohrringe mit silbernen Häkchen machen**.

In 4. Mose 15,37-41 legt der Herr besonderes Augenmerk auf den Saum der Gewänder der Kinder Israels. Der Herr erwartete, dass sie sich besondere Quasten aus blauem Garn machten, damit sie sich beim Anblick der Fransen jedes Mal an seine Gebote erinnerten, nicht eigenen Wünschen und Blicken folgten und sich nicht von der Liebe Gottes abwandten und starben.

Der Geliebte schenkt der Braut **Ohrringe**, um ihr Gesicht zu „säumen" oder zu umgeben, damit sie an seine Liebe und Erlösungskraft erinnert wird und sie stets daran denkt: Es ist nicht ihr Werk, sondern sie wurde mit einem hohen Preis erkauft. Häufig sagt Jesus, dass viele zwar Ohren haben, aber doch nicht hören; oder er sagt, dass jeder, der Ohren hat zu hören auch hören soll. Ein hörendes Ohr wird seine Liebe erfassen und durch sie geschmückt werden.

**Vers 12: Solange der König an seiner Tafel war,
gab meine Narde ihren Duft.**

Jesus fragte seine Jünger: *„Wer ist größer: der, welcher zu Tisch sitzt, oder der Dienende?"* Jesus gibt ihnen die Antwort mit dem Hinweis, dass er gekommen sei, um zu dienen. Während sein Leidensweg sich zuspitzt, zeigt er seinen Jüngern, dass er ihnen Gunst erweisen wird, wenn sie sich zu ihm stellen. In Lukas 22,29-30 erklärt Jesus: *„Und so übergebe ich euch ein Königtum, wie es mir mein Vater übergeben hat, so dass ihr an meinem Tisch in meinem Reich essen und trinken ... sollt ..."* Jesus wusste, dass es nur noch wenige Tage dauern würde, bis er wieder in seiner vollen Herrlichkeit in seinem Reich sein würde. Er saß an vielen Tischen mit Menschen zusammen und teilte sein Leben mit ihnen, doch an seinem Tisch würde er als der König Gunst erweisen, wie König David Mephiboset, dem Sohn Jonathans, seine Gunst erwies (2. Samuel 9,7). Davids Gunst veränderte komplett den Lebensstil von Mephiboset. Dieser war als kleines Kind aus den Armen der Person gefallen, die ihn retten wollte (2. Samuel 4,4); er war aus der Gnade und Macht gefallen. Gelähmt und hilflos lebte er ohne Besitz und Ehre, aber David, der König, gab ihm die Ehre zurück, indem er ihn an seinem Tisch sitzen ließ: *„Mephiboset aber wohnte in Jerusalem, denn er aß täglich am Tisch des Königs ...“*

Nicht die Speisen waren wichtig, sondern der, mit dem er essen durfte. Der Wohlgeruch der Gemeinschaft ist wichtiger als der Duft der Speisen. Deshalb sagt die Braut, dass ihre **Narde** ihren Duft verströmt. Sie erkennt in sich die Fähigkeit, alles zu geben. Oft ist uns wichtiger, was wir essen, als mit wem wir essen. Wahre Gemeinschaft verströmt einen Duft, einen Wohlgeruch, der den inneren Menschen stimuliert und der nie durch Nahrung hervorgerufen werden kann. Der Wohlgeruch aus Marias Alabastergefäß hatte mehr Kraft als jedes Gericht, das sie Jesus auf seinen Weg hätte mitgeben können.

Die Narde ist kein Lebensmittel und lässt sich nicht mit Brot oder Fleisch vergleichen, sie dient einem völlig anderen Zweck. Narde ist eine kostbare mehrjährige Pflanze mit einer aromatischen Wurzel. Aus der getrockneten Wurzel wurde Parfüm hergestellt, das in einem Alabastergefäß aufbewahrt wurde, um den Duft zu konservieren.

In Johannes 12,3 lesen wir, dass Maria Jesus mit Nardenöl salbte, der Duft erfüllte den Raum, weil sie ihren König erkannte. Es gibt nichts Besseres für uns, als – durch die Gemeinschaft mit ihm – ein zerbrochenes Gefäß zu werden. Wenn die Realität Christi unseren inneren Menschen berührt, werden wir dadurch ein hingegebenes Gefäß.

Im „Webster's Dictionary" wird erklärt, dass der Geruchssinn einer der fünf Sinne unseres Körpers ist und dass ein Geruch dadurch entsteht, dass chemische Partikel, die von einer Substanz erzeugt werden, die Geruchsnerven in der Nasenhöhle stimulieren. Ein Geruch hat die Kraft, Vorfreude zu wecken und Appetit anzuregen.

Die Braut soll sich des Duftes bewusst sein, den sie durch den Zerbruch ihres Lebens verströmt, und einen *Appetit* nach den Dingen Gottes entwickeln, die einen göttlichen Hunger in ihr wecken werden.

Vers 13: Mein Geliebter ist mir ein Myrrhenbüschel, das zwischen meinen Brüsten ruht.

Myrrhe ist ein bitter schmeckendes, aber wohlriechendes Harz. Unsere physischen Begierden können uns in unserem Leben oft verwirren und gegen unsere Berufung und Bestimmung kämpfen, wie bei Esau, der in seinem Hunger sein Geburtsrecht verkaufte, als der Duft von Jakobs Gericht seinen Appetit weckte. Der Duft eines Parfüms wie Myrrhe wird unseren Hunger durch Wohlgeruch wecken.

In den Nachtstunden ruhen wir normalerweise. Unser Hunger ist gestillt. Aber unser Unterbewusstsein ist aktiv und in unseren Träumen ringen wir um Lebenserfüllung. Es ist jenes Myrrhenbüschel, jenes Duftsäckchen, jene Realität Christi mit dem Wohlgeruch der Reinheit und Gerechtigkeit, die die Liebe der Braut weckt und nährt. Meist erfahren wir gerade in der Dunkelheit unseres Lebens eine klare Vision für unser Leben.

Vers 14: Mein Geliebter ist mir
wie ein Büschel der Cyperblume (Henna d. Ü.)
in den Weinbergen von En-Gedi!

Diejenigen, die reinen Herzens sind, werden Gott schauen. Die Braut umgibt nicht nur ein Duft, sondern sie erkennt, was Christus für sie ist. **Henna** ist ein Strauch mit weißen Blüten. Freunde schenken einander blühende Hennazweige. Die Umgebung von **En-Gedi** bietet dieser Pflanze die idealen Wachstumsbedingungen. En-Gedi war die Oase, in die David vor Saul floh.

Der Bräutigam ist wie eine Oase, ein Ruheplatz der Wiederherstellung für die Braut, die ihre Umgebung verlässt und zu ihm kommt, um bei ihm völlig erfrischt und erfüllt zu werden.

Vers 15: Siehe, du bist schön, meine Freundin,
siehe, du bist schön;
deine Augen sind [wie] Tauben!

Aus gut aussehenden Menschen werden **schöne** Menschen, wenn Liebe ihr Herz erfüllt. Die Schönheit der Gemeinde kann vom Geliebten nur dann wahrgenommen werden, wenn Liebe wieder die Priorität ist. Zum ersten Mal erfassen die **Augen** der Braut den Geliebten. Er sieht, dass sich ihre Wahrnehmung verändert hat und dass seine Liebe eine neue Zielstrebigkeit in ihr geweckt hat.

Vers 16: Siehe, du bist schön, mein Geliebter,
   und so lieblich!
  Ja, unser Lager ist grün.

Erst nachdem der Bräutigam ihr seine Liebe versichert und sich ihr offenbart hat, wird die Braut frei, auch ihre Liebe auszudrücken. Viele Menschen können ihre Liebe nicht ausdrücken, doch Jesus will uns befreien, so dass wir sie zum Ausdruck bringen und unser Herz offenbaren können, das er mit seiner wunderbaren Gegenwart erfüllt hat.

Zum ersten Mal nennt sie ihn ihren **Geliebten**, und all ihre Unabhängigkeit und ihr Selbstschutz ist verschwunden. Sie sehnt sich nach inniger Nähe und Einheit. Sie weiß, dass ihr Lager **grün** ist. Unsere Einheit mit Christus führt zur Fruchtbarkeit. Fruchtbarkeit entsteht nicht, indem wir darum ringen, sondern wenn wir uns hingeben.

Als David Bathseba tröstete, wurde Salomo empfangen. Salomo bedeutet Frieden und Vergebung. Es war Salomo, der den Tempel baute. Vergebung und Frieden werden nicht durch

Philosophie aufgebaut, sondern durch die innige Nähe des göttlichen Friedens, der durch unsere Einheit mit Christus in uns geboren wird.

Vers 17: Die Balken unseres Hauses sind aus Zedern, Zypressen unser Getäfel (Zypressen die Wände Elb.)

Durch unsere Einheit mit Christus kann unser Haus vollendet werden, denn Christus hat das Fundament gelegt. **Balken** bilden die Stütze für das Dach oder die Decke. Die Balken sind aus **Zedernholz**, welches ein Symbol für Unverwüstlichkeit ist. Das Holz ist ausgesprochen haltbar und tötet sogar die Würmer, die es zerfressen wollen.

Die Sparren bestehen aus Brettern oder Planken, die vom Dachfirst zu den Dachüberhängen führen. Sie tragen das Dach und bestehen aus **Zypressenholz**, sie symbolisieren Stärke und Tragkraft. Das Haus wird durch unsere Einheit mit Christus gebaut, denn er hat die Kraft, sein Haus zu tragen.

Kapitel 2

Erkennen

**Vers 1: Ich bin eine Rose von Saron,
          eine Lilie der Täler. (d. Ü.)**

Oft sehen wir im Wort Gottes, dass Menschen ihn zuerst
erfahren müssen, um seine Identität zu *erkennen*. Gott gibt
uns die Gelegenheit, sein Wort nicht nur zu hören, sondern
von seinem Wort durchdrungen zu werden, um neues Leben
zu haben. Er gibt uns die Chance, neues Leben und neue Kraft
zu erfahren, so dass wir nicht nur seinen Namen kennen, sondern sein Name werden, ähnlich wie eine Frau, die bei der
Heirat den Namen ihres Ehemannes annimmt. An diesem
Punkt zeigt der Bräutigam der Braut, wer er ist. Er schenkt ihr
die innige Vertrautheit, die ihre Prioritäten vollkommen neu
ordnet.

Er ist die **Rose von Saron**. Saron ist eine Ebene, die sich
vom Mittelmeer bis in das Hügelland westlich von Jerusalem
erstreckt. Sie ist etwa 45 Kilometer lang und 13 bis 23 Kilometer breit und wegen ihrer Schönheit und Fruchtbarkeit sehr
bekannt, ja berühmt. Die hier erwähnte Blume könnte eine
Zistrose sein, deren lange Wurzeln zwischen felsigem Gestein
Halt finden. Saron bedeutet ebenfalls etwas, das gerade, eben,
aufrecht und gerecht ist. Jesus ist der gerade Weg, die direkte
Straße durch die Wüste, der Weg, der Schönheit hervorsprießen lässt, während wir auf dieser Straße voranschreiten.

Jesus ist auch die **Lilie der Täler**. Die Lilie ist eine weit verbreitete und sehr schöne Blume. Manchmal übersehen wir die Schönheit des Tales und gleichen den Syrern, die glaubten, Gott sei nur ein Gott der Hügel und Berge, weil wir dort Erfrischung und Ausblick finden: *„Und der Mann Gottes trat herzu und redete zum König von Israel und sprach: So spricht der HERR: Weil die Aramäer gesagt haben, der HERR sei ein Gott der Berge und nicht ein Gott der Talebenen, so habe ich diese ganze große Menge in deine Hand gegeben, damit ihr erkennt, dass ich der HERR bin!"* (1. Könige 20,28).

Tiefgang erwächst meist nicht aus Gipfel-Erlebnissen. Tiefgang entsteht, wenn wir *Täler* durchschreiten. Ein Tal bedeutet: Tiefe, einen Einschnitt. Jesus selbst machte eine Talerfahrung, als er versucht wurde, damit er unsere Lilie der Täler werden konnte, eine reine und weiße Blume, damit wir ihn sehen und seinen Duft wahrnehmen können. Er wird so zum Mittelpunkt unserer Aufmerksamkeit werden.

Vers 2: Wie eine Lilie unter den Dornen,
so ist meine Freundin unter den Töchtern!

In Galater 3,28 steht: *„Da ist weder Jude noch Grieche, da ist weder Knecht noch Freier, da ist weder Mann noch Frau; denn ihr seid alle {einer} in Christus Jesus."* Das ist eine Offenbarung, die wir nicht dadurch erleben, weil wir ein Buch darüber lesen oder irgendjemand darüber gesprochen hat. Leider verstehen nur sehr wenige Ehepaare, was Einheit in Christus bedeutet. Diese Einheit entsteht nicht durch Kultur oder Religion. Viele Ehepaare leben zwar in Übereinstimmung und handeln in bestimmten Situationen aus dieser Kraft heraus, leben aber nicht im ständigen Fluss der Einheit im Heiligen Geist.

In diesem Vers zeigt uns der Geliebte, wie wir uns ihm nähern können. Wenn eine Frau, **wie eine Lilie unter den Dornen** um die Berufung Gottes in ihrem Leben weiß, muss sie nicht mit Männern wetteifern, weil sie ihre Berufung auf ihre eigene Art und Weise auslebt, sie muss damit nicht in Konkurrenz zu Männern treten, die ihre Berufung eben auf ihre männliche Art und Weise leben. Eine Frau muss in ihrem Frausein Stärke finden. Oft antworten Frauen zwar auf ihre Berufung, aber ihnen fehlt die Fähigkeit, auf Dauer darin zu bleiben. So dienen manche Frauen Gott nur so lange, bis sie den Mann ihrer Träume finden. Aber ich kenne auch Frauen, deren Berufung sich durch die verschiedenen Lebensumstände stark änderte, und die dadurch eine Lebenskraft fanden, die weit über das hinausreichte, was sie sich als Frauen eigentlich vorstellten und erwarteten.

Eine **Lilie unter Dornen**. Dornen bedeuten: verletzt werden, Schmerz. Wie oft musste ich die Lilie unter meinen Dornen finden, wenn ich z. B. meine Kinder zurückließ und an irgendeine „Front" ging? Wie viele Nächte habe ich unter Tränen um die Kraft gerungen, alles hinter mir lassen zu können, um beharrlich weiter vorwärts zu gehen, über mein normales Leben als Mutter und Ehefrau hinaus, das mir doch so gefiel? Wie oft musste ich über mich selbst hinauswachsen, um an die kostbare Lilie unter den Dornen zu gelangen? Durch sie konnte ich meine Prioritäten wieder richtig setzen und alles aufgeben und ihm nachfolgen.

Viele Frauen wollen Gott dienen, aber ihre Wünsche und Bedürfnisse sind so groß, dass sie ihre Träume und Berufung aufgeben und die Lilie unter den Dornen nicht ergreifen. Aber wir Frauen können die Kraft bekommen, die jede Zerrissenheit der irdischen Natur überwindet, weil Jesus – die Lilie der Täler – kostbarer ist als alles andere.

**Vers 3: Wie ein Apfelbaum unter den Bäumen des Waldes,
so ist mein Geliebter unter den Söhnen!
In seinem Schatten saß ich so gern,
und seine Frucht war meinem Gaumen süß.**

Jesus beschrieb sich selbst nicht als mächtige Palme oder als einen anderen großen Baum der Wälder. Ein **Apfelbaum** ist eigentlich kein besonders beeindruckender Anblick, aber Apfelbäume sind in einem dürren Land sehr wichtig, weil ihre Früchte gebraucht werden. Jesus wusste, dass wir Menschen uns selbst in unserer Einbildung größer und höher sehen als ihn. Erfolg macht Menschen oft stolz, unnahbar und rechthaberisch.

Wenn ein Mensch in der Kraft des Heiligen Geistes leben will, muss er sich unter den Apfelbaum beugen. Ich habe gesehen, wie mein Mann David mit seinem Selbstbild und mit männlichen Vorstellungen über das Mannsein zu kämpfen hatte. Manchmal tat er den Leuten Leid, weil er mit mir verheiratet ist, und doch hatte ich immer die Freiheit, vertrauensvoll weiterzugehen, weil David die Fähigkeit besaß, loszulassen. Er beugte sich nicht der menschlichen Weltanschauung, sondern er beugte sich dem Heiligen Geist.

Es gibt ein Fließen zwischen Mann und Frau, zwischen Ehemann und Ehefrau, das weit mehr ist als Übereinstimmung und das der Realität der Liebe Christi entspringt. Ohne die Substanz der Liebe kann es für uns kein Fließen geben. In der Liebe Christi ist Ruhe. Die Frucht, die Jesus anbietet, ist nur dann köstlich, wenn wir in seiner Gegenwart ruhen.

**Vers 4: Er führte mich in den Bankettsaal (d. Ü.),
und die Liebe ist sein Banner über mir.**

Nachdem wir eine neue Vertrautheit erfahren und durch unsere neu gefundene Nähe von seiner Liebe geschmeckt haben, wird der Bräutigam uns in die Fülle bringen. Wenn er uns in den Bankettsaal führt, beginnen wir, in Fülle zu leben. Viele Menschen wissen nicht, wie man in Fülle leben kann, ohne dabei über die Stränge zu schlagen, weil wir immer von der Bedürfnisebene her operieren. Jesus stillt unsere Bedürfnisse so oft, wenn wir beten und flehen und Fürbitte tun, weil er weiß, dass wir von seinem Zustrom abhängig sind; aber es gibt Zeiten, in denen er uns in eine Fülle bringt, die uns überfließen lässt. Unser Verstand kann es nicht erfassen. Es ist ein

Schritt der Erweiterung, um die königlichen Köstlichkeiten im Leben schätzen zu lernen und unseren Geschmackssinn zu sensibilisieren und zu erweitern, damit wir lernen, in seiner Gegenwart geistlich zu speisen.

Die Liebe ist sein Banner über mir. Jeder Stamm in Israel hatte ein Banner, das die typischen Merkmale sinnbildlich darstellte. Der Geliebte erklärt der Welt seine Liebe zur Braut. Er feiert nicht nur mit ihr, sondern bekennt öffentlich seine Liebe mit seinem Banner. Die Braut sieht im Bankettsaal das Banner über sich und weiß, bevor sie es sehen und den Ort der erfüllten Liebe und des Festmahls betreten konnte, musste sie Jahwe-Nissi (Jahwe ist mein Banner) in den Kämpfen ihres Lebens begegnen und erleben, dass sie nur durch die völlige Hingabe jetzt hier sein kann. In 2. Mose 17,12 lesen wird, dass Mose auf dem Gipfel stand und in völliger Ergebenheit seine Hände zu Gott erhob, damit Israel Amalek besiegen konnte.

Manchmal denken wir, dass Gott uns auf den Gipfel führt, um uns auf eine neue Ebene zu bringen, doch um sein Banner der Liebe zu erfahren, müssen wir ihm völlig ergeben sein. „Und Mose baute einen Altar und nannte ihn ‚Der HERR ist mein Kriegsbanner'" (2. Mose 17,15). Die innige Vertrautheit seiner Liebe erfahren wir nur durch völlige Hingabe. Ohne Hingabe ist die Erinnerung an Amalek – an Niederlage und Kampf – zu stark, und wir erleben nicht die Fülle der Bankett-tafel. Es kann so lange kein Fest der Liebe und Freiheit geben, bis uns Gott den Sieg gibt und in die Fülle führt.

Vers 5: **Stärkt mich mit Rosinenkuchen,**
erquickt mich mit Äpfeln;
denn ich bin krank vor Liebe!

Am Ort des Festmahls und der Fülle drückt der Geliebte der
Braut gegenüber seine Zärtlichkeit und Liebe aus, und aus dieser Liebe wird ein neues Verlangen geboren. Die Braut
erkennt, dass sie **krank vor Liebe** ist. Die Liebe hat sie verletzbar und schwach gemacht. Der Kampf ums Überleben ist
vorüber. Jesus sagt, dass er in unserer Schwachheit stark ist.
Die Liebe macht uns sanft, liebevoll und verletzlich, aber
Jesus ist die Kraft, die uns bewahrt und leitet. Die Braut bittet
in ihrer Schwachheit, mit **Rosinenkuchen** gestärkt zu werden;
das hebräische Wort kann auch Weingefäß bedeuten, und
Wein symbolisiert die Erneuerung des Denkens. Seine Liebe
vermittelt uns eine neue Denkweise und der Sinn Christi
bewahrt uns in Zeiten der Verletzlichkeit.

Erquickt mich mit Äpfeln. Es wird sich hier vermutlich nicht
um den bei uns bekannten Apfelbaum handeln, denn dieser
wächst nicht in Israel. Namhafte Gelehrte vermuten, dass es
sich um einen Aprikosenbaum handelt, welcher zu den wert-
vollsten Obstbäumen in Israel gehört. Er hat glänzende
Blätter, orangefarbene Früchte und einen angenehmen Duft.
Die Braut sagt: **Erquickt mich mit Äpfeln.** Ihr Geschmackssinn ist geweckt. Sie kann und will nicht mehr die Nahrung
ihres früheren Lebens essen. Sie hat erkannt, dass Jesus mit
seiner Liebe der Einzige ist, der ihr die Nahrung für dieses
neue Leben geben kann.

**Vers 6: Er lege seine Linke unter mein Haupt
und umarme mich mit seiner Rechten!**

Zum ersten Mal beschreibt die Braut die Nähe, den innigen
Kontakt mit dem Bräutigam. Die zentrale Himmelsrichtung
war für die Hebräer der Osten. Deshalb bedeutet **Linke** für die
Hebräer Norden, da sie sich der östlichen Himmelsrichtung
zuwandten. Der Osten ist der Ort der Morgendämmerung. Die
Bitte: **Er lege seine Linke unter mein Haupt ...** spricht vom
Beginn einer neuen Beziehung.

In 3. Mose 14,10 spricht Gott von der Reinigung der
Aussätzigen. Ein Aussätziger ist ein Ausgestoßener, der nicht
in den Tempel oder in das Lager kommen darf. Nach der
Darbringung des Opfers nahm der Priester Blut und tupfte es
auf das rechte Ohr, den rechten Daumen und den rechten Zeh
dessen, der gereinigt wurde. Dann nahm der Priester Öl, goss
es in die linke Hand und tauchte seinen rechten Finger hinein.
Nachdem der Priester siebenmal Öl vor dem Herrn versprengt
hatte, tupfte er Öl auf das rechte Ohrläppchen, den Daumen
und die Hand. Dann wurde das restliche Öl über den Kopf dessen gegossen, der gereinigt worden war.

Die Geliebte war eine Ausgestoßene, ähnlich wie David,
den man auf den Hirtenfeldern vergessen hatte, als Samuel
kam, um den König zu salben. Aber die Salbung brach das
Joch. Die Meinungen der Menschen verlieren ihre Macht.
Seine linke Hand ist unter unserem Kopf und bricht jedes
Joch. Er verleiht uns neue Freiheit und Kraft, um Christus
ähnlicher zu werden.

[Er] umarme mich mit seiner Rechten! Die Rechte symbolisiert Autorität. In 1. Mose 48,14 streckte Jakob seine rechte Hand aus und segnete Ephraim als Erstgeborenen. Eine Umarmung ist Ausdruck von Zuneigung oder Sehnsucht. Jesus zieht uns in seine Nähe und diese Nähe bedeutet Sicherheit. Er umarmt uns nicht, um zu zeigen, dass er gütig ist. Er umarmt uns, um der Welt zu zeigen, dass wir ihm gehören.

Vers 7: **Ich beschwöre euch, ihr Töchter Jerusalems, bei den Gazellen (Rehen d. Ü.) oder den Hindinnen des Feldes: Erregt und erweckt nicht die Liebe, bis es ihr gefällt!**

Jeder Mensch ist dazu geschaffen, auf vielfältigen Ebenen Liebe zu empfangen und Liebe zu geben. Die Liebe zwischen Mann und Frau wird oft durch Sexualität angeregt, die die wahre Liebe überlagert. Die Braut appelliert an die Töchter Jerusalems. Sie weiß, es spielt überhaupt keine Rolle, wie sehr wir uns manches in unserem Leben wünschen oder davon träumen, Liebe lässt sich nicht erzwingen oder kontrollieren. Die **Gazelle** oder **Hirschkuh** ist ein Bild für Schönheit und Freiheit. Diese Tiere sind nicht für das Gehege oder den Käfig geschaffen. Die Braut ermahnt die Töchter Jerusalems, die richtige Zeit abzuwarten, damit eine innige Vertrautheit und Nähe entstehen kann. Jesus hat die Macht, Erfüllung zu geben.

Christus ist der Initiator der Liebe. Ich kann nichts erzwingen, nur weil ich etwas in anderen Menschen sehe. Ich muss bereit werden, ja zu sagen, wenn der Geist Christi auf mich kommt, um mich tiefer in seine Gegenwart zu führen.

Viele ringen so sehr darum, etwas zu werden oder irgendetwas zu erreichen, doch in die Fülle gelangen wir nicht durch eigene Anstrengungen, auch wenn sie noch so geistlich aussehen. Nur wer bereit ist, sich dem göttlichen Zeitpunkt zu beugen und der Liebe des Herrn zu vertrauen, wird in diese Erfüllung kommen.

**Vers 8: Da ist die Stimme meines Geliebten!
Siehe, er kommt!
Er springt über die Berge,
er hüpft über die Hügel!**

Die Braut weiß nicht, was der Geliebte sagt, aber sie kennt den Klang seiner Stimme. Keine schwierigen Umstände können diese Stimme übertönen. Viele kennen zwar die Heilige Schrift, aber nicht den Klang seiner **Stimme**. Echos sagen zwar dasselbe, aber sie haben nicht den richtigen Klang. Nur wenn wir einem Menschen sehr nahe sind, kennen wir den Klang seiner Stimme.

In Vers 8 steht: **Er springt über die Berge**. In Lukas 6, 20-23 fordert Jesus die Jünger auf, vor Freude zu **hüpfen**, wenn die Menschen sie um seinetwillen hassen. In 2. Samuel 22,30 heißt es: *„Denn mit dir kann ich gegen Kriegsvolk anrennen, mit meinem Gott über die Mauer springen."* Und in Lukas 1,41 steht: *„Und es geschah, als Elisabeth den Gruß der Maria hörte, da hüpfte das Kind in ihrem Leib; und Elisabeth wurde mit Heiligem Geist erfüllt."*

Der Klang seiner Stimme versetzt uns in die Lage, über jeden Berg und Hügel zu springen. Keine Schwierigkeit wird uns an dem alten Platz festhalten, an dem wir keine Fortschritte in Christus machen. Freiheit kommt, wenn wir erkennen, dass kein Berg und kein Hügel uns davon abhalten kann, seine ganze Herrlichkeit zu schauen.

Vers 9: **Mein Geliebter gleicht einer Gazelle**
oder dem jungen Hirsch.
Siehe, da steht er hinter unserer Mauer,
schaut zum Fenster hinein, blickt durchs Gitter.

Jetzt hört die Braut nicht nur seine Stimme, sondern erwartet seine Gegenwart. Er ist ganz nah. Er zeigt sich in seiner Schönheit und bietet ihr die völlige, uneingeschränkte Freiheit an, sie darf sagen was sie will und in Einheit mit ihm leben. Doch sie sieht den Gipfel der Erfüllung darin, ihn in das Haus ihrer Mutter zu führen, wo sie empfangen und geboren wurde. Für sie bedeutet es Sicherheit, ihn in ihre Umgebung zu bringen. Wir möchten, dass Jesus in unsere Wohlfühlzone kommt, in der wir uns sicher fühlen. Die Braut steht **hinter ihrer Mauer** und denkt, dass der Geliebte zu ihr, in ihre Abgegrenztheit kommen wird. Er kommt, aber er löst sie heraus aus dem, was sie ist und was sie weiß. Jesus kam nicht, um bei uns zur Untermiete zu wohnen, sondern um uns zu leiten.

Ein Fenster ist nicht nur dazu da, um hineinzuschauen, sondern auch um hinauszublicken. Der Geliebte schaut zum **Fenster** herein, damit die Braut ihn sehen kann und große

Sehnsucht nach ihm bekommt. Er zeigt sich ihr durch das **Gitter**. Sich zu zeigen bedeutet Entfaltung und Aufblühen. Viele haben großes Potenzial für einen völlig neuen Grad der Beziehung in ihrem Leben, aber sie schöpfen ihr Potenzial nicht aus und erfahren so nie das Aufblühen und Gedeihen.

In unseren Beziehungen gibt es viele Mauern, und wir können nicht werden, was wir schauen, weil das, was wir sehen, begrenzt ist. Es geht nicht einfach darum, dass Christus in mein Leben hineinkommt, sondern darum, dass ich aus meinem bisherigen Leben ausbreche.

Vers 10: Mein Geliebter beginnt und spricht zu mir:
Mach dich auf, meine Freundin,
komm her, meine Schöne!

Zuerst hört die Braut den Klang seiner Stimme, dann sieht sie ihn – doch noch nicht deutlich genug, sondern nur durch das Fenster ihrer Seele und das Gitter ihres Fleisches, und der Klang seiner Stimme richtet sich an sie. Er spricht hinter der Mauer, um seine Liebe, seine Gemeinde, seine Braut freizusetzen. Er weist sie nicht zurecht, sondern spricht freundlich mit ihr. Er zeigt ihr, dass ein neuer Abschnitt in ihrem Leben anbrechen wird und sie aufstehen, weggehen und das Bekannte hinter sich lassen muss, auch wenn sie sich jetzt noch darin wohl und sicher fühlt.

Vers 11: Denn siehe, der Winter ist vorüber,
der Regen hat sich auf und davon gemacht.

In Psalm 74,17 steht: „*Du hast alle Grenzen des Landes festgesetzt; Sommer und Winter hast du gemacht.*" Das Wort **Winter** geht auf eine heute nicht mehr benutzte Wurzel mit der Bedeutung „verbergen" zurück. Wenn es kalt ist, ziehen wir uns in unsere Häuser zurück. Genauso verhalten wir uns geistlich. Es gibt Zeiten in unserem Leben, in denen wir mit Umständen und Elementen konfrontiert werden. In den Brachzeiten des Lebens weckt Gott ein neues Sehnen und Verlangen in uns nach ihm, damit wir den neuen Lebensabschnitt mit seinen Absichten und seinem Willen für unser Leben freudig willkommen heißen.

**Vers 12: Die Blumen zeigen sich auf dem Land,
die Zeit des Singvogels ist da,
und die Stimme der Turteltauben
lässt sich hören in unserem Land.**

Der Bräutigam spricht zu seiner Geliebten und der Glaube erwacht. Die Jahreszeit hat sich geändert, und wenn die Braut im Haus bleibt, kann sie nicht daran teilhaben. Der Frühling ist gekommen und **Blumen** sprießen hervor. Es gibt neue Blüten, die sich zur vollen Farbe entfalten und alle Details ihrer Schönheit erkennen lassen. Gott bringt unser Leben in allen Einzelheiten zur Entfaltung.

Die Zeit des Vogelgezwitschers ist gekommen. Musik erfüllt die Luft. Musik läutet Gottes Herrlichkeit ein. In 2. Samuel 6 lesen wir, wie David auf der Harfe für den Herrn spielte, um Gottes Herrlichkeit einzuladen. Als Michal, die Frau

Davids, ihn in ihrem Herzen verachtete und ihn tadelte, gab David zur Antwort: *„Vor dem HERRN ... will ich spielen."*

„Und die Stimme der Turteltauben lässt sich hören in unserem Land." Es war eine Taube, die einen Olivenzweig zurückbrachte, nachdem sie von Noah aus der Arche ausgesandt worden war. Die Erlösung bringt neues Leben, in dem die Ängste der Vergangenheit nicht länger unsere Triebfeder sind.

Vers 13: Am Feigenbaum röten sich die Frühfeigen, und die Reben verbreiten Blütenduft; komm, mach dich auf, meine Freundin; meine Schöne, komm doch!

Der Frühling bringt nicht nur Blüten, Farben, Musik und Düfte, sondern auch Nahrung. Jedes Mal, wenn in der Bibel der Feigenbaum erwähnt wird, ist das ein wichtiger Hinweis und wir sollten uns mit dem Feigenbaum und seinen Besonderheiten beschäftigen. Der Feigenbaum trägt Früchte, bevor er Laub ansetzt und **die Reben verbreiten Blütenduft**. Es ist noch nicht die Zeit der Ernte, sondern die Zeit des Wachstums. Christus ermuntert die Braut – Sie und mich – ihm nachzufolgen. Um aufzubrechen, müssen wir die alten Sicherheiten abtrennen, damit wir zur Fülle der Gemeinschaft heranwachsen können. Liebe berührt nicht nur unser Herz, sondern verändert unser Leben, und nur durch das Opfer kommt das Feuer. Jesus weiß, dass es kein Wachstum geben kann, nur weil wir mit ihm reden. Viele beten stundenlang und werden ihm doch nicht ähnlicher. Deshalb sagt der Bräutigam: **Komm, mach dich auf, meine Freundin; meine Schöne, komm doch!**

Vers 14: Meine Taube in den Felsenklüften,
im Versteck der Felsenwand;
lass mich deine Gestalt sehen,
lass mich deine Stimme hören!
Denn deine Stimme ist süß,
und lieblich ist deine Gestalt.

Der Geliebte spricht von seiner Zuneigung zur Braut. Er nennt sie seine **Taube**. Die Taube war der einzige Vogel, der als Opfer dargebracht werden durfte. Sie ist ein Symbol der Reinheit. Frei lebende Tauben bauen ihr Nest in eine Felsspalte. Jesus ist unser Fels.

In seinem poetischen Lied in 5. Mose 32,4 drückt Mose sein Herz aus: *„Er ist der Fels; vollkommen ist sein Tun"* und in Vers 13 sagt er: *„Er ließ ihn Honig aus dem Felsen saugen und Öl aus dem harten Gestein."* Mose beschreibt, wie Gott Israel führte und seine Stärke war. Gott führt seine Braut in die schützenden Felsspalten, an einen Zufluchtsort, an dem sie verborgen und sicher ist. Mose rief aus: *„So lass mich doch deine Herrlichkeit sehen!"* (2. Mose 33,18). Und der Herr antwortete: *„Siehe, es ist ein Ort bei mir, da sollst du auf dem Felsen stehen"* (Vers 21). In 2. Mose 17,6 stand Mose auf dem Felsen, als Gott Israel kämpfen lehrte. Doch als Mose nun mit der Herrlichkeit Gottes in Berührung kommt, stellt Gott ihn in eine Felsspalte. Gott bedeckt Mose mit seiner Hand. Unsere fleischliche Natur kann in Gottes Herrlichkeit nicht bestehen bleiben, aber durch seine Liebe sorgt er für unser Überleben. Wir sind verborgen in ihm an geheimen Plätzen, in den Felsspalten, in den Steilhängen unseres Lebens. Dort ist unser Antlitz nicht mehr in Schweiß gebadet und von Anstrengung gezeichnet. An diesen vorbereiteten Orten möchte er die Schönheit sehen, die als Frieden und Ruhe aus uns heraus strahlt, und die uns Christus ähnlich macht. Der Klang unserer **Stimme** ist dann heiter, verschwunden sind die Sorgen von gestern, wir sind in seiner Liebe geborgen.

Vers 15: Fangt uns die Füchse, die kleinen Füchse, welche die Weinberge verderben; denn unsere Weinberge haben zarte Trauben (d. Ü.)

Auch wenn eine Beziehung noch so harmonisch ist, besteht leider immer die Möglichkeit, dass gerade Kleinigkeiten den Fluss von Harmonie und Einheit untergraben. Die Einheit erwächst aber nicht nur durch Intimität und Vertrautheit, sondern auch aus wachsender Reife und Weisheit. Menschen reagieren schnell gekränkt. Bei manchen Menschen ist es so, dass sie ganz allmählich ihre erste Liebe verlieren, sie reagieren auf einmal schnell beleidigt oder sind gekränkt, andere scheinen es nicht einmal zu merken, wenn sie ihre erste Liebe verlieren und meinen sogar, ihre Beziehung habe sich weiterentwickelt. In Apostelgeschichte 24,16 steht: *„Daher übe ich mich darin, allezeit ein unverletztes Gewissen zu haben gegenüber Gott und den Menschen." (d. Ü.: Deshalb bin ich immer bestrebt,* *ein reines Gewissen zu haben, ohne Schuld Gott und den Menschen gegenüber.)* Und in Philipper 1,10 steht: „*... damit ihr prüfen könnt, worauf es ankommt, so dass ihr lauter und ohne Anstoß seid bis auf den Tag des Christus.*"

Die kleinen Füchse werden die zarten Trauben fressen. Viele haben ein ungestümes Verlangen nach der süßen Frucht der Liebe, wir müssen sie schützen, damit diese köstliche Frucht wachsen und sich entwickeln kann.

Vers 16: Mein Geliebter ist mein, und ich bin sein, der unter den Lilien weidet.

Gerade in Zeiten des Mühens und Kämpfens ist es immer gut, sich auf die richtigen Prioritäten zu besinnen. Die Braut erkennt, dass der Bräutigam ihr und sie ihm gehört, und das ist das Entscheidende. Sie empfängt seine Liebe nicht nur, sondern begreift, dass er seine Herde unter den Lilien weidet.

In Johannes 4,8 steht, dass Jesu Jünger in die Stadt gegangen waren, um Speise zu kaufen. Doch später erklärt Jesus: „*Ich habe eine Speise zu essen, die ihr nicht kennt!*" (Vers 32). Und in Vers 34 sagt er: „*Meine Speise ist die, dass ich den Willen dessen tue, der mich gesandt hat, und sein Werk vollbringe.*" Die Speise Jesu ist nicht nur Gemeinschaft zu haben, sondern auch die Freude, den Willen des Vaters zu erfüllen.

Vers 17: Bis der Tag kühl wird und die Schatten fliehen, kehre um, mein Geliebter, sei gleich der Gazelle oder dem jungen Hirsch auf den zerklüfteten Bergen!

Vieles offenbart der Herr uns in der Dunkelheit, in der unser irdischer Sinn unsere Bestimmung und den Sinn nicht begreifen kann, aber der Glaube an ihn ist unsere Stärke. Wir können die Dinge Gottes nicht in Besitz nehmen, wenn wir an unseren Sehnsüchten und unserem Verlangen festhalten. Jesus lehrt uns, dass wir loslassen müssen, um zu empfangen. Nur in Jesus können wir selbstlose Liebe erfahren. Wenn wir mit menschlicher und irdischer Zuneigung lieben, werden wir nicht in der Liebe wachsen. Die Braut hat die Offenbarung einer Beziehung. Sie benutzt keine religiösen Ideen, um ihren Willen durchzusetzen.

Schatten sprechen vom Wandel des Lebens. Die Wolke der Herrlichkeit schwebte über den Kindern Israels, um ihnen in der Hitze der Wüste Schatten zu spenden. Es gibt zwar immer noch Berge, die uns trennen, aber er ist wie eine Gazelle oder ein junger Hirsch. Er hat Füße, die jeden Berg bezwingen, denn er kommt und zeigt uns, *„dass denen, die Gott lieben, alle Dinge zum Besten dienen, denen, die nach dem Vorsatz berufen sind"* (Römer 8,28).

Kapitel 3

Suchen

Vers 1: **Auf meinem Lager in den Nächten suchte ich ihn,
den meine Seele liebt;
ich suchte ihn, aber ich fand ihn nicht.**

Am Abend, wenn es dämmrig wird und die Dunkelheit den Anbruch der **Nacht** ankündigt, verlieren wir die Klarheit unserer Sicht und Schatten fallen in unser Leben. Nacht bedeutet Düsterheit, aber auch schützende Schatten. In Psalm 42,7 sagt David, wie er sich nach Gott inmitten der Bedrängnis sehnt, in der er klar erkennen kann, was seinem Leben Halt gibt.. In den Versen 7–9 schreibt er: *„Mein Gott, meine Seele ist betrübt in mir; darum gedenke ich an dich im Land des Jordan und der Hermongipfel, am Berg Mizar. Eine Flut ruft der anderen beim Rauschen deiner Wasserstürze; alle deine Wellen und Wogen sind über mich gegangen. Am Tag wird der HERR seine Gnade entbieten, und in der Nacht wird sein Lied bei mir sein, ein Gebet zu dem Gott meines Lebens.“*

Inmitten von Bedrängnis und Not ist Davids Seele niedergeschlagen. Er ist deprimiert, doch in seiner Niedergeschlagenheit erinnert er sich an das, was Gott in der Vergangenheit getan hat. *Jordan* bedeutet *geschwächt, von etwas übermannt sein.* Der Hermon ist einer der Gipfel an der Grenze Israels; der Name bedeutet *Heiligtum, geweiht,* kann aber auch *der*

Vernichtung preisgegeben bedeuten. David erinnert sich daran, dass er sich beugen und erniedrigen muss, um durch seine Depression hindurchzugelangen.

Oft versuchen wir, aus unserer Depression herauszukommen, aber wir gelangen nicht über unsere Sorgen und Dunkelheit hinaus. Wir müssen uns erst in die Gegenwart Gottes versenken, bevor wir zur Höhe aufsteigen können. David spricht hier vom Hermon und vom Mizar. Der Berg Hermon ist einer der großen Berge Israels, Mizar ist ein Berg in der Nähe des Hermon und bedeutet „klein". Indem wir uns selbst erniedrigen, treten wir in eine Weihe ein, in der wir uns darauf konzentrieren können, die Dinge zu vernichten, die uns niederdrücken. Wenn wir in die Gegenwart Gottes kommen, werden unsere Probleme klein und das aufgewühlte Wasser der Instabilität, das uns überflutet hatte, beruhigt sich wieder, sodass Gott uns trösten kann.

Die Braut liegt in ihrem Bett. Sie ruht und erholt sich von ihrem Zustand der Verwirrung und Leere.

Sie erinnert sich an die Berührung durch ihren Geliebten, wie er ihr von der anderen Seite der Mauer her zurief, in eine neue Dimension des Lebens zu kommen. Noch ist sie verwirrt und innerlich leer. Hiob sagte: *„Wenn ich denke: Mein Bett wird mich trösten, mein Lager wird meine Klage erleichtern!, so erschreckst du mich mit Träumen und ängstigst mich durch Gesichte"* (Hiob 7,13-14). Die Braut legt sich hin und sucht nach ihrem Geliebten; sie sucht, aber sie geht nirgendwohin. Aber ihre Suche ist keine Mission, keine Aufgabe, sondern ist für sie lediglich ein Trost, weil sie sich in der Welt ihrer Fantasie Erleichterung verschafft. Sie sucht nach dem, der ihre Seele berührte und sie aus ihrer Gebundenheit herausrief, aber sie findet ihn nicht, weil sie in ihrer Fantasiewelt lebt und sich vorstellt, wie und wo er sein müsste. Jesus offenbart sich nicht immer, nur weil wir uns nach ihm sehnen. Unsere Sehnsüchte und unser Verlangen müssen geheiligt sein und dürfen nicht durch die Schatten unserer Vergangenheit oder unsere irdische Gesinnung beeinflusst werden. Als die Braut realisiert, dass sie trotz ihrer Suche keine Erfüllung findet, begreift sie, dass sie ihre Erfüllung nicht dort findet, wo sie sich jetzt aufhält, sie muss eine Entscheidung treffen und ihre Position ändern, sie muss aufstehen. In Sprüche 31,15 steht: *„Noch bei Nacht steht sie auf"* (Einheitsübersetzung). Sie steht nicht deshalb auf, weil sie eine Antwort hat, sondern sie steht auf, weil sie keine Antwort für ihr Leben hat und den suchen muss, der den Schlüssel ihres Lebens besitzt.

In 4. Mose 15,37-41 steht: *„Und der HERR redete zu Mose und sprach: Rede zu den Kindern Israels und sage ihnen, dass sie sich eine Quaste an die Zipfel ihrer Obergewänder machen, in ihren [künftigen] Geschlechtern, und eine Schnur von blauem Purpur an der Quaste des Zipfels befestigen. Und die Quaste soll euch dazu dienen, dass ihr bei ihrem Anblick an alle Gebote des HERRN denkt und sie befolgt, dass ihr nicht den Trieben eures Herzens nachgeht und euren Augen, denen ihr nachhurt; sondern dass ihr an alle meine Gebote gedenkt und sie tut und eurem Gott heilig* seid. Ich, der HERR, bin euer Gott, der ich euch aus dem Land Ägypten geführt habe, um euer Gott zu sein; ich, der HERR, euer Gott.“

Gott wies die Kinder Israels an, Fransen und Borten an den Zipfeln ihrer Gewänder anzubringen. Diese Fransen bedeuten *gedeihen, blühen* oder *glänzen*. Die Borten bildeten den äußersten Rand eines Gewands; ihre Bedeutung ist „etwas verbergen". Die Fransen sollten die Kinder Israels daran erinnern, nach einem reinen Sinn zu streben, indem sie sich an Gottes Gebote erinnerten und nicht ihrem eigenen Herzen folgten. Sie sollten nicht ausprobieren, wie sie etwas tun konnten, und nicht dem Belieben ihres eigenen Herzens folgen, damit ihre Augen sie nicht verführten und sie in ihre alten Begierden zurückfielen.

Die Braut liegt in ihrem Bett und hält Ausschau nach dem Geliebten, aber sie bemüht sich nicht wirklich, bis sie aufsteht. Ihr innerer Mensch muss ermutigt werden, sich verwandeln zu lassen; sie muss sich umdrehen und aus ihrem bequemen Bett aufstehen. Manchmal sind wir deprimiert, weil wir Anstrengungen und Kummer scheuen.

Vers 2: **Ich will doch aufstehen**
und in der Stadt umherlaufen,
auf den Straßen und Plätzen;
ich will ihn suchen, den meine Seele liebt!
Ich suchte ihn, aber ich fand ihn nicht.

Die Braut geht in die Stadt, einen bewachten Ort, an dem sie einen sicheren Platz finden wird, um seinen Willen zu tun.

Den Willen Jesu zu tun bedeutet, Fülle und Weite zu finden, aber dennoch sind Fülle und Weite keine Garantie für die Braut, dass sie dort vom Bräutigam gefunden wird. Es ist einzig und allein ihre Liebe, die ihr die notwendige Voraussetzung bietet, gefunden zu werden. Wie oft **suchen** wir nach eigenem Gutdünken und eigenen Vorstellungen, und trotzdem findet uns Gottes Gnade und Barmherzigkeit.

Vers 3: **Mich fanden die Wächter,**
welche die Runde machten in der Stadt:
Habt ihr ihn gesehen, den meine Seele liebt?

Die **Wächter**, welche schützen, bewachen, bewahren und innerhalb der Stadtgrenzen bleiben, finden die Braut. Wir müssen Pilger sein, die durch Gottes Gnade und Liebe gefunden werden. Oft gehen seine Liebe und Gnade seiner Gegenwart voraus, aber wir werden ihn nicht auf dem *Bett* unserer Fantasie finden, wo wir nur Erfüllung unserer eigenen Wünsche suchen. Die Wächter finden die Braut, die sich verirrt hat, sie entdecken und erkennen sie.

Vers 4: **Kaum war ich an ihnen vorübergegangen,**
da fand ich ihn, den meine Seele liebt.
Ich hielt ihn fest und ließ ihn nicht mehr los,
bis ich ihn in das Haus meiner Mutter gebracht
hatte, ins Gemach derer, die mich empfangen
hat.

Kaum war ich an ihnen vorübergegangen bedeutet, dass sie ernsthaft weitersuchte und sich nicht mehr aufhalten ließ. Der Wächter, der Heilige Geist, behütet und wacht über uns, damit wir mit allem, was wir brauchen ausgerüstet sind. Dies wird z. B. auch durch Hegai (Esther 2,15) – als Symbol für den Heiligen Geist – veranschaulicht, als er Esther auf die Begegnung mit dem König vorbereitete. In dem Moment, wenn wir die Voraussetzungen erfüllen, keineswegs weil wir perfekt wären, gelangen wir von der Ebene des Fleischlichen zur Ebene des Geistes. Als Braut Christi werden wir alles finden, wonach unser Herz sich sehnt.

Ich hielt ihn fest und ließ ihn nicht mehr los. Die Braut ergreift Besitz von ihm, denn er hat ihr Innerstes berührt, so wie auch Jakob es ausdrückte, als er mit dem Engel rang (1. Mose 32, 26). Die Braut hält den Geliebten fest, bis sie ihn in das Haus ihrer Mutter gebracht hat. Es ist keineswegs leicht, an Verheißungen festzuhalten, weil unser Fleisch schwach ist. Oft verlieren wir den Mut, aber wir können uns entscheiden, an unserer Bestimmung festzuhalten, bis sie sichtbar etabliert ist.

… bis ich ihn in das Haus meiner Mutter gebracht hatte bedeutet, zu der Person zu werden, zu der wir geschaffen wurden.

… ins Gemach derer, die mich empfangen hat beschreibt, dass die Braut sich den Absichten des Geliebten ergibt. Wenn wir diese innere Ergebenheit haben und ihn in unser Inneres bringen, bedeutet es, umgeben zu sein. Unser innerer Mensch und unser geistlicher Mensch werden Christus lieben, nicht nur mit unserer Seele; sondern auch unser Verstand wird ihn wie ein Ring umgeben. Unsere Meditation wird nicht um eigene Absichten kreisen, sondern sich auf seine Absichten und sein Leben konzentrieren.

Vers 5: **Ich beschwöre euch, ihr Töchter Jerusalems, bei den Gazellen oder bei den Hindinnen des Feldes: Erregt und erweckt nicht die Liebe, bis es ihr gefällt!**

Gazellen und **Hirschkühe** sind unzähmbare Tiere. Sie werden zur Freiheit geboren und haben Füße, mit denen sie Berge bezwingen können. Die Gazelle symbolisiert auch Schönheit, Herrlichkeit, Ehre, und die Hirschkuh steht hier für Kraft. Dies beschreibt die Liebe, wenn sie unser Leben berührt und wir für die Liebe Jesu und all seine Schönheit und Herrlichkeit erweckt werden. Wir haben die Kraft, seinem Ebenbild ähnlich zu werden und die Situationen unseres Lebens zu bewältigen. Hier fleht die Braut; sie will nicht für einen besonderen Lebensstil begeistert werden; der Geliebte soll zuerst sehen, dass sie bereit ist, sich in diese neue Dimension der Herrlichkeit verwandeln zu lassen. Er soll sich an ihren Fortschritten freuen, sie will den Bund mit Jesus eingehen. Wir können wie Petrus meinen, wir seien bereit, aber Jesus weiß, dass wir es solange nicht sind, bis wir uns bekehren; bis wir aus einer anderen Kraft leben, als aus der Kraft unserer fleischlichen Natur; bis wir die Kraft seines Heiligen Geistes kennen, dem wir unser ganzes Sein hingeben.

Vers 6: **Wer kommt da von der Wüste herauf?**
Es sieht aus wie Rauchsäulen
von brennendem Weihrauch und Myrrhe,
von allerlei Gewürzpulver der Krämer.

Der Bräutigam kommt aus der **Wüste**. Gott schuf Adam im Paradies, wo alles für Adam und Eva vorbereitet war. Sie hatten die volle Herrschaft und vollkommene Gemeinschaft mit Gott. Durch den Sündenfall geriet der Mensch in eine geistliche Wüste. In der Wüste gibt es kein fließendes Wasser. Jesus nahm unsere Wüste, unsere Dürre, unsere Trostlosigkeit auf sich und erklärte in Johannes 4,14: *„ ... das Wasser, das ich ihm geben werde, wird in ihm zu einer Quelle von Wasser werden, das bis ins ewige Leben quillt. "*

Das Paradies wurde von vier Flüssen gesäumt, doch Jesus gibt uns einen inneren Strom. Er kommt aus der Wüste, um seine Geliebte zur innigen Liebe zu erwecken, sie herauszuführen und ihre Sehnsucht nach Gemeinschaft zu erfüllen.

Er kommt wie eine **Rauchsäule**; Rauch stieg ständig vom goldenen Altar auf, der im Heiligtum stand. Wohlriechende Kräuter wurden dort ständig verbrannt. Das Feuer wurde vom Bronzealtar genommen. Die Priester füllten die Räucherpfanne mit glühender Kohle aus dem heiligen Feuer, trugen sie in das Heiligtum und warfen das Räucherwerk auf die glühende Kohle, sodass eine duftende Rauchwolke zum Gnadenstuhl aufstieg (3. Mose 16,12-13).

Der Geliebte kommt aus der Wüste; als vollkommenes Opfer, als köstlich riechender Duft schenkt er sich dem, für den er starb. **Myrrhe** und **Weihrauch** waren das Parfüm, das die Weisen ihm schenkten, als Zeichen dafür, dass er ein Wohlgeruch für den Vater sein würde. Myrrhe wird erstmals als Bestandteil des Salböls erwähnt (2. Mose 30,23). Es ist ein

Baumharz, das aus dem Stamm austritt und mit seinem Duft an Zimt (Cassia) erinnert. Es wurde auch für Einbalsamierungen und als Parfüm verwendet. Weihrauch ist ein gelblichweißes Harz, das durch Anritzen der Baumrinde gewonnen wird.

Menschliche Süße kann Gott nicht gefallen. Wir brauchen uns nicht vor der Bitterkeit des Leidens zu fürchten, Myrrhe steht auch für das Bittere, das wir erfahren werden, um die völlige Erfüllung in Christus zu finden. Esther wurde sechs Monate lang mit Myrrhe und sechs Monate lang mit kostbarem Parfüm gepflegt, um ihre Schönheit zur vollen Geltung zu bringen (Esther 2,12).

Süße strömt aus unserem Leben aus, wenn wir wissen, wie wir uns seinem Willen und Plan fügen können. Unser Leben wird dann ein Wohlgeruch sein. Jesus ist wie ein Händler, der kostbare Gewürze importiert. An ihre Gerüche sind wir zunächst nicht gewöhnt und sie haben einen hohen Preis, aber sie bereiten uns für das Leben vor, das nur durch seine Liebe erweckt werden kann.

Vers 7: Siehe da, Salomos Sänfte:
Sechzig Helden sind rings um sie her,
von den Helden Israels!

Der Name **Salomo** bedeutet *Friede und Vergebung*. Salomo wurde im Bett des Trostes geboren. David hatte Bathseba über den Tod ihres Kindes getröstet, das er durch Ehebruch gezeugt hatte. Ein Bett ist ein Ort der Ruhe, wo man sich ausstrecken und ausbreiten kann; es symbolisiert auch Einfluss. David tröstete Bathseba und bereitete so Salomo ein *Bett des Friedens*.

Im Fall von Michal, der Tochter Sauls, wurde dagegen ihre Liebe zu einem Bett des Betrugs und der Begierde, einem Bett der Lügen und des Todes, statt zu einem Platz der Liebe und des Lebens. David musste vor Saul aus seinem Bett fliehen, um sein Leben zu retten. Michal legte einen Götzen hinein; er konnte mit Michal nie ein Bett des Vertrauens und der Liebe schaffen, denn sie war unfähig, in der Salbung Davids, in seiner Macht und Verheißung zu ruhen.

Vers 8: Sie alle sind mit Schwertern bewaffnet, im Krieg geübt, jeder hat sein Schwert an der Seite, damit nichts zu fürchten sei während der Nacht.

Salomo tritt ein. Er ist kein Kriegsmann, sondern ein Mann des Friedens. Er hat sechzig mächtige Männer bei sich, die erfahrene Krieger sind. Sie sind jedoch nicht da, um zu kämpfen, sondern um Frieden und Ruhe zu verteidigen. Wenn die Dunkelheit kommt, sterben so manche Könige auf ihrem Lager, weil sie sich auf Betrug und Lügen gebettet haben. Christus kommt und hat ein Lager des Friedens bereitet. Die Braut steht auf von ihrem Bett der Unsicherheit und Verwirrung und Christus bietet ihr ein Bett der Ruhe an. In Johannes 14,27 steht: *„Frieden hinterlasse ich euch; meinen Frieden gebe ich euch. Nicht wie die Welt gibt, gebe ich euch; euer Herz erschrecke nicht und verzage nicht!"*

In Matthäus 11,28-30 sagt Jesus: *„Kommt her zu mir alle, die ihr mühselig und beladen seid, so will ich euch erquicken! Nehmt auf euch mein Joch und lernt von mir, denn ich bin sanftmütig und von Herzen demütig; so werdet ihr Ruhe finden für eure Seelen! Denn mein Joch ist sanft und meine Last ist leicht. "*

Jesus verspricht uns ein Bett des Friedens und der Erfüllung, nicht eines der unerfüllten Wünsche und Träume.

Vers 9: Der König Salomo ließ sich eine Sänfte machen, aus dem Holz des Libanon.

Salomo nimmt das weithin bekannte **Holz des Libanon**, um eine Sänfte machen zu lassen – einen tragbaren, geschlossenen Stuhl für seine Geliebte. Die Sänfte ist tragbar und doch zugleich so privat und verborgen. Wenn Jesus uns in der Felsspalte verbirgt, sind wir in seiner Liebe fest gegründet, und doch bewegt und führt uns der Heilige Geist durch alle Anfechtungen und Bedrängnisse; nichts kann uns antasten, wenn wir uns an dem verborgenen Ort seiner Liebe befinden.

**Vers 10: Ihre Säulen ließ er aus Silber machen,
ihre Lehne aus Gold, ihren Sitz aus Purpur,
das Innere wurde mit Liebe ausgestattet
von den Töchtern Jerusalems.**

Säulen sind ein Bild dafür, dass etwas fest gegründet ist, seinen Platz einnimmt, aufrecht steht und nicht von der Stelle weicht. Silber symbolisiert Erlösung, aber auch Sehnsucht und Geborgenheit.

Jesus sagt zu der Gemeinde in Philadelphia in Offenbarung 3,12: *„Wer überwindet, den will ich zu einer Säule im Tempel meines Gottes machen, und er wird nie mehr hinausgehen ...“*

Man wird nicht durch Beten zur Säule im Tempel. Diese liebevolle Gemeinde brauchte keine Buße zu tun, denn sie wandelte aufrichtig in Liebe vor dem Herrn, trotzdem wurde sie aufgefordert, ein Überwinder zu sein. Sie musste die Schwierigkeiten im Leben überwinden, um in die Fülle des Lebens zu kommen. Eine Säule zu werden ist keine Sache der Anstrengung, sondern der Hingabe an den Herrn, damit wir in seiner Erlösung fest gegründet sind.

Jesus machte uns zu beweglichen (mobilen) „Wohnsitzen“, die in seiner Gegenwart aufgestellt und vom Heiligen Geist geleitet werden. Es geht nicht um die Suche nach einem Weg, sondern vielmehr um die Hingabe an seinen Weg.

Eine **Lehne** bedeutet Breite und Bequemlichkeit. Das **Gold** schimmert. Die göttliche Natur des Herrn schimmert durch unser Leben, wenn wir in ihm leben und handeln und Christus ähnlicher werden. Je mehr wir in sein Ebenbild verwandelt werden, desto mehr wird er durch unser Leben schimmern und ausstrahlen.

Der Sitz ist aus **Purpur**. Der Bezug ist sichtbar. Bevor der Hohepriester das Allerheiligste betreten durfte, musste er vor den Vorhang treten, der das Allerheiligste vom Heiligtum trennte. Der Sitz der Königswürde ist sichtbar, sodass wir – seine Braut – den Einfluss des Königs wahrnehmen können.

Wenn wir den König in seiner Pracht und Würde sehen und erkennen, lädt er uns ein, durch die Hingabe an ihn verwandelt zu werden. Wir werden an seinem Königtum Anteil erhalten, indem wir in seiner Gegenwart wohnen.

**Vers 11: Kommt heraus, ihr Töchter Zions,
und betrachtet den König Salomo mit dem
Kranz, mit dem seine Mutter ihn bekränzt hat
an seinem Hochzeitstag,
am Tag der Freude seines Herzens!**

Die Braut fordert die **Töchter Zions** auf, herauszukommen und zu schauen. Licht ermöglicht es uns, klar zu sehen. Die Braut versteht und erkennt jetzt, nach ihrer Suche und nachdem sie seine Liebe verstanden hat, wer König Salomo wirklich ist. Sie weiß, dass die Töchter Zions nicht nur von seiner Pracht hören, sondern sie auch sehen müssen. Die Königin von Saba hörte von Salomos Größe, doch erst nachdem sie sie selbst gesehen hatte, erklärte sie: „*... es ist mir nicht die Hälfte gesagt worden*" (1. Könige 10,7).

Salomo hatte alle Voraussetzungen, das Hohelied zu schreiben. Seine Geburt beweist, dass Gott auch nach einem schrecklichen Ereignis Vergebung und Frieden geben kann. Salomo war der Beweis für diesen Frieden und die Vergebung. Gott schickte den Propheten Nathan, um David sagen zu lassen, dass sein Sohn von Gott *Jedidjah* genannt wurde, was *Geliebter des Herrn* bedeutet.

Wenn wir Gottes Liebe und Anerkennung erfahren, dann können auch wir Liebe geben und in anderen Liebe wecken, damit auch sie das wahre Wesen Gottes verstehen. Salomo und Bathseba hatten eine ganz besondere Beziehung, genauso wie Jakob und Rebekka oder Hanna und Samuel. Sie waren nicht nur Mütter, sondern sensibel genug, die Berufung und Absichten Gottes im Leben ihrer Kinder zu erkennen.

David wurde auch durch die Liebe zu seinen anderen Söhnen beeinflusst, er war ja nicht nur ihr Vater, sondern auch ihr König. Adonija war der vierte Sohn Davids. Seine Mutter war Haggit, und sie wollte, dass ihr Sohn sich selbst zum König ernannte. Der Name Adonija bedeutet *Meister, Herr, fest, stark*. Bathseba sah die Krönung des Königs, hatte aber nicht die Macht, es zu verhindern und Gottes Wahl zu fördern. Oft wissen wir um bestimmte Dinge und Vorgänge, haben aber keine Möglichkeit, die Vision, die Gott in unser Herz gelegt hat, zu verwirklichen. Doch in dem Moment, wenn die Salbung von oben kommt, zerbricht sie jede Selbsterhöhung. In 1. Könige 1,11-12 steht: *„Da sprach Nathan zu Bathseba, der Mutter Salomos: Hast du nicht gehört, dass Adonija, der Sohn der Haggit, König geworden ist, ohne dass David, unser Herr, etwas davon weiß? Komm nun, ich will dir doch einen Rat geben, damit du dein Leben und das Leben deines Sohnes Salomo rettest."*

Durch dieses Reden des Propheten war Bathseba freigesetzt und konnte so zu David sprechen, dass er sie nicht als die Frau wahrnahm, mit der er seit so vielen Jahren vertraut war, sondern als jemand, der die Macht besaß, Leben hineinzusprechen und Davids Autorität in seinem hohen Alter neu zu erwecken. Es konnte sich alles deshalb so erfüllen, wie es verheißen war, weil sich Bathseba als Gefäß – als Stimme – gebrauchen ließ, damit letztendlich Salomo die Krone erhielt.

Der Geliebte war nicht nur mit seiner Braut verlobt, sondern ebenso der Absicht Gottes geweiht, in eine neue Zeit der Erfüllung einzutreten. Eine Verlobung ist eine Übereinkunft zwischen zwei Menschen, die zum Zweck einer Heirat eine Vereinbarung treffen. Diese Vereinbarung gilt genauso zwischen Christus und der Gemeinde. In 2. Korinther 11,2 schreibt Paulus: *„Denn ich eifere um euch mit göttlichem Eifer; denn ich habe euch {einem} Mann verlobt, um euch als eine keusche Jungfrau Christus zuzuführen."*

Maria nahm in dem Moment, als der Engel zu ihr sprach, ihre Berufung an. Sie sagte zu dem Engel: *„Mir geschehe nach deinem Wort!"* (Lukas 1,38).

Kapitel 4
Offenbaren

Vers 1: Siehe, du bist schön, meine Freundin, siehe, du bist schön; deine Augen sind [wie] Tauben hinter deinem Schleier; dein Haar gleicht der Ziegenherde, die vom Bergland Gilead herabwallt.

Vers 2: Deine Zähne gleichen einer Herde frisch geschorener Schafe, die von der Schwemme kommen, die allesamt Zwillinge tragen, und von denen keines unfruchtbar ist.

Betrachtet man die Braut, so stellt man fest, dass sie klare Vorstellungen hat, wie sie ihren Bräutigam suchen will. Sie hält eifrig nach ihm Ausschau. Der Bräutigam jedoch will sie an einen völlig anderen, neuen Ort bringen – einen Ort, an dem er sich ihr in der Tiefe seiner Herrlichkeit offenbaren kann. In diesem Kapitel sehen wir die Braut in ihrer Verletzbarkeit und auch, dass sie sich nun nicht mehr länger vor ihm schämt. Der Ehebund gibt der Braut eine neue Freiheit, sich dem Geliebten ohne Furcht und Zögern zu zeigen. Rückhaltloses Vertrauen ist nötig, ein auf die Probe gestelltes und bewährtes Vertrauen, um sich einander völlig hinzugeben. Der Geliebte sieht und preist ihre Schönheit. Er sieht seine Braut, wie niemand sonst es tut. So wie Maria die Gunst fand, Christus zu empfangen, empfängt die Braut die Gunst, Einheit zur Geburt zu bringen.

Zuerst preist der Geliebte ihre **Augen**. Augen bedeuten Wahrnehmung, Klarheit der Sicht. Ihre Wahrnehmung beruht nicht auf Wissen und Erfahrung, sondern auf Charakter. Die **Taube** war der einzige Vogel, der nach dem Gesetz des Mose als Opfer dargebracht werden konnte. Noah schickte zuerst einen Raben aus (1. Mose 8,7), der unentwegt hin und her flog. Dann schickte er die Taube. Der Rabe überlebte, weil er von dem Alten zehren konnte. Die Taube musste immer wieder zurückkommen, bis sie nach der Flut neues Leben und eine neue Schöpfung gefunden hatte. Oft bezeichnet Salomo die Braut als Taube. Er gibt ihr zu verstehen, dass nicht nur ihre Bestimmung rein ist, indem sie alles opfert, um ihn zu haben, sondern dass auch ihre Wahrnehmung rein ist. Sie muss nicht länger mit sich selbst um die richtige Einstellung kämpfen und darum, den rechten Weg zu sehen. Sie hat sich hinter ihrem Schleier entwickelt und ist gewachsen.

Ein **Schleier** – wie ein Vorhang – erfüllt verschiedene Zwecke. Er kann beschützen, aber auch hinderlich sein. Im Tempel waren zwei Vorhänge. Der eine diente dazu, das Allerheiligste vom Heiligtum zu trennen, während der andere vor dem Zelt, dem Heiligtum, hing (2. Mose 26,33.36). Den Priestern war es nicht nur verboten, das Allerheiligste zu betreten, sie durften nicht einmal hineinblicken. Nur der Hohepriester durfte es einmal im Jahr betreten. Das Heiligtum hinter dem ersten Vorhang war der Ort, den die Priester betreten konnten, um ihren Dienst zu erfüllen. Sie durften das Heiligtum nicht verschließen, sondern mussten Wache halten, bis durch den Tod Christi der Vorhang zerriss (Matthäus 27,51).

Viele von uns konnten ihren Charakter überhaupt nicht entwickeln, weil wir gewaltsam unterdrückt wurden. Nach fünfzehn Jahren unter dem Kommunismus sehnte ich mich danach, frei zu sein und mich entwickeln zu können, ohne durch Angst, Mangel und Terror gehindert zu werden.

Oft schützt und versteckt der äußere Mensch das wahre Ich, und unser Äußeres wird zu einem Vorhang oder Schleier. Salomo lenkt unsere Aufmerksamkeit auf die Tatsache, dass die Braut hinter ihrem Schleier Augen wie Tauben hat. Unsere Sehnsüchte hinter dem Schleier sind tief, doch solange der Schleier unserer fleischlichen Natur nicht durch Christus zerrissen wird, können wir nicht frei zum Ausdruck bringen, wer wir in ihm sind.

Dein Haar gleicht der Ziegenherde. Ziegen sind kraftvoll und z. B. Schafen an Kraft überlegen. Ziegenhaar wurde verwendet, um den zweiten, äußeren Vorhang anzufertigen, der die farbenprächtigen, gewebten Vorhänge im Inneren der Stiftshütte verdeckte (2. Mose 26,7-13). Der Geliebte sieht eine äußere Schönheit, in der sich die Fülle des Lebens spiegelt, die sich in ihrer ganzen Farbenpracht durch unsere Einheit in Christus zeigt.

Haare erinnern auch an Salbung. Es galt als Zeichen der Gastfreundschaft, den Kopf eines Gastes zu salben. Auch bei festlichen Anlässen wurde das Haar gesalbt.

Ein Nasiräer (4. Mose 6) leistete einen Weihe-Eid und durfte sich bis zur Erfüllung seines Eides nicht die Haare schneiden. Simsons Kraft lag in seinem Haar, weil er sich Gott hingab, um seine Bestimmung zu erfüllen. Die Stärke der Braut liegt in ihrer Hingabe an Christus. Simson überließ sich völlig Delila. Sie überredete ihn dazu, ihr die Einzelheiten der Geheimnisse Gottes zu verraten und war dadurch nicht länger „in der Felsspalte" verborgen. Solange Simson seinen äußeren Menschen den Absichten Gottes weihte, war er Gottes Werkzeug. Seine Salbung schützte seine Bestimmung und brach jedes Joch, das ihm die Philister aufbürdeten. Leider ließ Simson in seiner Wachsamkeit nach, als seine Seele erschöpft war, und Delila schnitt ihm das Haar ab. Seine Salbung und seine Kraft waren abgeschnitten. Viele Dienste werden von Menschen in verschiedenen Bewegungen und zu verschiedenen Zeiten gepflegt, aber nicht, um das Herz Jesu zum Ausdruck zu bringen, sondern um menschliche Visionen und Pläne zu verwirklichen. Gesalbt zu sein bedeutet zu glänzen. Wenn Gott uns salbt, dürfen wir nicht zulassen, dass die Salbung für menschliche Zwecke oder Wünsche benutzt wird.

… die vom Bergland Gilead herabwallt. Das **Bergland Gilead** ist eine Gebirgskette östlich des Jordans. Sie war bekannt für ihre fruchtbaren Weiden. Jesus sieht uns aus der Fülle herauskommen.

Wir kommen normalerweise zahnlos auf die Welt. Die **Zähne** wachsen allmählich, erst die Milchzähne, später – wenn wir auch entsprechend feste Nahrung zu uns nehmen –

unsere bleibenden. Zähne sind dazu da, zu zerbeißen, zu zer-
kleinern und Nahrung verdaulich zu machen. Jesus sagte:
*„Meine Speise ist die, dass ich den Willen dessen tue, der mich
gesandt hat"* (Johannes 4,34). Obwohl er der Sohn Gottes
war, musste Jesus seine geistlichen „Zähne" im Garten
Gethsemane einsetzen; er musste seine Zweifel und Ängste
zerreißen – zerbeißen –, um Gottes Willen und Absicht für
sein Leben in sich aufnehmen zu können.

Die Zähne der Braut werden mit einer Schafherde verglichen. Der Geliebte weiß, dass er sie zu den grünen Weiden
führen kann, wo sie Nahrung finden wird. Ein Schaf frisst
nicht alles, anders als eine Ziege. Der Geliebte weiß, dass die
Braut bei der Wahl ihrer Nahrung sehr wählerisch sein wird.
Sie hungert nach der Frische seines Lebens und sie wird ihren
Appetit nicht länger zügeln müssen.

In Vers 2 ist von **geschorenen Schafen** und der
Schwemme, dem Waschen, die Rede. Die Schafe werden also
nicht beschrieben, wie sie in ihrer vollen Wolle, sondern
schutzlos und mager sind. *Wolle* bedeutet Arbeit und ein
Glaube ohne Arbeit – Werke – ist tot (Jakobus 2,20). Damit
wir aber im Glauben wachsen und reifen, muss Gott unsere
Wolle scheren – uns von den Dingen befreien, die uns gestern
Zuversicht gaben.

Durch das Waschen (die **Schwemme**) wird Gott unsere
Herzen beschneiden, damit wir sogar Zwillinge auf die Welt
bringen können. Zwillinge symbolisieren darüber hinaus ein
Verbundensein, ein enges Miteinander. Glaube ist Substanz

und Glaube gefällt Gott. Gott will aber nicht, dass wir uns nur auf bestimmte Bereiche des Glaubens spezialisieren. Sonst könnten wir zum Beispiel Glauben für Heilungen haben, müssten aber stundenlang beten und ringen, um Glauben für Finanzen zu haben.

Auch Mose erlebte, wie Gott ihn beschnitt. Gott trat ihm entgegen und wollte ihn sogar töten, obwohl er doch für Gott „unterwegs" war. Zippora, die Frau von Mose, musste die Vorhaut ihres Sohnes beschneiden (2. Mose 4,25). Gott zeigte Mose, wie verletzbar dieser war, und er musste vom Ort der „Waschung" heraufkommen. Gott wusch die Schande und das Missverstehen aus seinem Leben, um ihn an den Ort der Zuversicht zu bringen.

Als Rebekka Zwillinge bekam, fragte sie Gott und Gott antwortete: *„Zwei Völker sind in deinem Leib ..."* (1. Mose 25,23). Sie kämpften schon in Rebekkas Leib gegeneinander und waren weder in ihrer Absicht noch in der Vision einig.

Der Geliebte sagte, dass die Braut **Zwillinge** tragen würde. Sie wird doppelt fruchtbar sein und ihrer Nachkommen nicht beraubt werden. Fleisch und Geist werden eins sein, um die Bestimmung zu erfüllen. Die fleischliche Natur wird sich durch Zerbruch beugen, um den Zustand des inneren Menschen zu zeigen. Es ist der innere Mensch, den Jesus berühren und erwecken wird.

Vers 3: Deine Lippen sind wie eine Karmesinschnur, und dein Mund ist lieblich; wie Granatäpfelhälften sind deine Schläfen hinter deinem Schleier.

Als Gott Mose zum Befreier Israels berief und die Verheißung gab, Israel zu befreien, erkannte Mose, dass er weder Waffen noch Armee haben würde, sondern der Erfolg ausschließlich in seiner Fähigkeit zu reden lag, und die hatte er nicht (2. Mose 4,10). Er erinnerte sich, dass ihm niemand zugehört hatte, bevor er aus Ägypten fliehen musste. Die Menschen sahen nur seinen Zorn. *„Die Kinder Israels hören nicht auf mich; wie sollte denn der Pharao auf mich hören? Dazu habe ich unbeschnittene Lippen!"* (2. Mose 6,12). Der Prophet Jesaja erklärt in Jesaja 6,5: *„Wehe mir, ich vergehe! Denn ich bin ein Mann mit unreinen Lippen ..."* Als die Herrlichkeit Gottes den Tempel erfüllt hatte, erkannte Jesaja, dass er ein Mann mit unreinen Lippen war. **Lippen** weisen auf Sprache hin und Sprache setzt eine gewisse Begrenzung voraus. Wenn wir in Gottes Gegenwart kommen, liegt seine Hand schwer auf uns. Wir erkennen die Begrenztheit uns auszudrücken und Gottes Sprache zu sprechen. Jesus sagte in Markus 7,6: *„Dieses Volk ehrt mich mit den Lippen, doch ihr Herz ist fern von mir."* Die Lippen der Braut sind karmesinrot. Sie ist erlöst worden. **Karmesin** bedeutete Wohlstand. Karmesinrote Gewänder waren die luxuriöse Kleidung der Reichen. Dies wird in mehreren Bibelversen bestätigt: 2. Samuel 1,24; Sprüche 31,21; Jeremia 4,30. Rahab z. B. hängte ein rotes Band aus dem Fenster, um vor Vernichtung und Tod bewahrt zu werden.

In Jesaja 1,18 sagt Gott: *„Wenn eure Sünden ... rot sind wie Karmesin, sollen sie [weiß] wie Wolle werden."* Das Blut Jesu erlöst uns, sodass wir aus der Fülle reden können, um die

Gnade und die Werke Gottes aus einem Herzen bezeugen zu können, das fest an ihm hängt.

… und dein Mund ist lieblich. Wenn wir erlöst werden, treten wir heraus aus der Wüste und Trostlosigkeit, in der wir isoliert und allein waren. Die Braut kann jetzt mit dem Bräutigam Gemeinschaft haben und ihm ihre Liebe erklären.

Salomo beschreibt das ganze Gesicht der Braut. Unser Gesicht offenbart wie ein Spiegel, wer wir sind. Oft verbergen wir unseres Inneres hinter religiösen Masken, die wir uns in vielen Jahren zugelegt haben. Wir ringen ständig darum, etwas zu werden, und können doch nie das Ziel erreichen. Ängste, Verletzungen, Wünsche oder Neid trüben die Widerspiegelung des Lebens und des Lichts.

Das Herz der Braut ist offen für Liebe und Vertrauen. Der Bräutigam sieht die Liebe und den Frieden, die sich in ihrem Gesicht spiegeln. Er sagt: **Wie Granatäpfelhälften sind deine Schläfen.** Ein Granatapfel ist eine köstliche Frucht mit vielen Kernen. In jedem Kern steckt Leben. Doch das Samenkorn muss sterben, genau wie unser altes Leben, damit wir die Frucht Christi hervorbringen können. Die Süße, die Frucht der Liebe, liegt eingebettet im Leben Christi.

Die Braut hat die Kraft, andere durch den Ausdruck des überfließenden Lebens, der sich in ihrem Gesichtsausdruck widerspiegelt, zu beeinflussen. Ihr Lächeln und ihre freundliche Miene kann viele brachliegende Herzen erwärmen. Heute lieben zwar viele Menschen Jesus, dennoch haben ihre Gesichter andere relativ selten beeinflusst. Ihr Lächeln ist eine

Aktion, kein Ausdruck der Liebe. Die Wangen der Braut gleichen Granatäpfeln. Sie „tut" nicht glücklich und betet nicht darum, glücklich zu sein. Sie ist völlig zufrieden in seiner Liebe und bringt so die vielen Facetten des Lebens zum Ausdruck.

**Vers 4: Dein Hals (d. Ü. Nacken) gleicht
dem Turm Davids, zum Arsenal erbaut,
mit tausend Schildern behängt,
allen Schilden der Helden.**

Wir drücken nicht nur mit unseren Worten und mit unseren Augen aus, wer wir sind; auch unser Körper zeichnet definitiv ein Bild unseres inneren Ichs. Der **Hals/Nacken** ist die Verbindung zwischen Kopf und Körper. Paulus erklärt: *„Daher ... bin ich der himmlischen Erscheinung nicht ungehorsam gewesen"* (Apostelgeschichte 26,19). Trotz Verfolgung und Leid **beugte** Paulus seinen Nacken nicht, sondern streckte sich und hob seinen Kopf zum Himmel, um das größere Bild seiner Berufung und Bestimmung zu sehen.

Jesus sagte: *„Denn mein Joch ist sanft und meine Last ist leicht"* (Matthäus 11,30). Er meint damit nicht, dass es keine Schwierigkeiten oder Belastungen geben wird. Der Unterschied liegt darin, wie die Braut die Last trägt. Ihr Körper ist stark, und wenn man stark ist, wird selbst die schwerste Last leichter. Jesus gibt uns Kraft, wenn wir in den Herausforderungen des Lebens unseren Glauben und unser Vertrauen einsetzen. Wir werden nicht von den Lasten überwältigt. In jeder Krise können wir unseren Kopf heben, um die Herrlichkeit Christi zu sehen.

Wenn das Joch zu schwer wird, neigen wir unseren Kopf und unser Gesicht wird nach unten gedrückt. Wir sehen nichts als Staub und Tod und können uns die Realität des Himmels und des geistlichen Lebens nur noch vorstellen. Auch wenn wir uns noch so sehr anstrengen, kann das Joch nur dann leicht werden, wenn wir uns hingeben. Als Stephanus gesteinigt wurde, *„blickte [er] zum Himmel empor und sah die Herrlichkeit Gottes, und Jesus zur Rechten Gottes stehen."* Durch seine Hingabe machte Gott ihn fähig, Jesus zu sehen. Stephanus rief Jesus an und bat ihn, seinen Geist aufzunehmen (Apostelgeschichte 7,55-59).

Der Hals/Nacken steht nicht nur als Bild für die gerade und ungehinderte Verbindung zwischen Kopf und Körper, er wird hier auch als Hinweis für Schutz und sogar Verteidigung erwähnt. Davids Helden hielten seine Vision mit jedem Sieg lebendig. Mit ihrer Loyalität und Liebe brachten sie Davids Herz zum Ausdruck. In seinen letzten Tagen erinnerte David sich an diesen Schatz. Er erinnerte sich namentlich an die Helden und die Siege, die sie für Israel errungen hatten.

Davids Liebe zu Gott motivierte auch andere zu einer Liebe bis in den Tod. Die Braut wird dasselbe tun. Ihre Liebe zu Jesus wird andere motivieren und sie werden zu Lagerhäusern voller Verteidigungswaffen werden. Vers 4 spricht von tausend Schilden. Ein **Schild** war so groß, dass er den ganzen Körper schützte. Die Schilde wurden gesalbt, eingeölt (Jesaja 21,5), um sie zu schützen und damit die feindlichen Pfeile abprallten. Alles, was die Braut aus Glauben tut, wird den Leib Christi erneuern und den Menschen Hoffnung schenken, dass auch sie ihr Ziel erreichen und ihre Berufung erfüllen.

Vers 5: Deine beiden Brüste gleichen jungen Gazellen, Gazellenzwillingen, die zwischen den Lilien weiden.

Wenn ein Mädchen zur Frau heranwächst, entwickeln sich auch ihre **Brüste**. Gott spricht in Hesekiel 16 von einem solchen Entwicklungsprozess für Israel, in dem Jerusalem als *Frau* bezeichnet wird. Erst wenn Jerusalem sich entwickelt und Gott ihr Leben zugesprochen hat, ist sie für die Liebe bereit. Das Wissen um die Vergebung unserer Sünden ist nur der erste Schritt. Wir können Gottes Liebe erst dann völlig erfassen, wenn wir an Erkenntnis und Einsicht wachsen.

Wenn wir zu Christus kommen, tun wir es, weil wir bedürftig sind. Wir werden an seiner tröstenden Brust gestillt. Wenn wir in Christus wachsen, entwickeln wir uns, bis auch wir nahrhafte *Milch* zu geben haben. Die Braut wird eine Mutter für Nationen werden, indem sie *Milch* geben kann, um Nationen zu trösten und zu nähren (Jesaja 66,11).

Der Bräutigam sieht eine erwachsene Frau, voll entwickelt, schön und frei wie eine **Gazelle**. Ihre Liebe ist ungezähmt. Sie ist bereit, sich hinzugeben und den zu beglücken, den sie liebt. Sie weiß, wo sie zwischen den **Lilien** weiden kann. Lilien sind ein Ausdruck von Reinheit und Anmut. Der

Geliebte ist die „Lilie der Täler" (Hohelied 2,1). Sie nährt sich von seiner Schönheit und Reinheit, und weil sie das tut, ist auch der Lebensstrom rein, den sie weitergibt.

Vers 6: **Bis der Tag kühl wird und die Schatten fliehen, will ich auf den Myrrhenberg gehen und auf den Weihrauchhügel!**

Wir brauchen den neuen Wein, damit er unser Denken verändert. Unsere Wahrnehmung, unsere Sicht der Dinge, hat viel mit unserer Verwandlung zu tun. Erneuerung ist ein Prozess. Wir legen unsere alte Identität ab, damit uns die Identität Christi verliehen wird. Der Bräutigam im Hohen Lied denkt nicht nur, dass die Braut schön ist, sondern spricht auch aus, was er empfindet. Die Braut kann sich nun mit seinen Augen sehen. Sie beginnt, die alte Identität abzulegen, die durch die Meinungen und Ablehnung anderer geprägt worden ist. Diese negativen Einflüsse werden im Hohen Lied 1,6 beschrieben: *„Die Söhne meiner Mutter zürnten mir."* Die Motive der Braut werden oft missverstanden, und sie leidet unter dem Zorn anderer.

Verwandlung ohne Übergang ist nicht möglich. Die Zeit des Übergangs vom Alten zum Neuen wird zur Zeit der größten Verletzbarkeit. Wir tragen ein neues Gewand, aber es passt uns noch nicht ganz. Wir müssen erst hineinwachsen, damit unser ganzes Sein die Person Christi ausdrücken kann. Das Wort **Schatten** in diesem Vers deutet auf Zweifel hin. Manchmal sitzt der Zweifel tief in uns und kann nur durch das volle

Licht der Erkenntnis vertrieben werden. **Myrrhe** und **Weihrauch** sind außerordentlich kostbare Gewürze, die für das Salböl verwendet werden. Die Salbung bricht das Joch. Der Bräutigam geht auf den Berg der Bitterkeit und Süße – der Bitterkeit des Leids und der Süße der Hingabe. Auf diesem Berg der Hingabe erfüllte Christus den Willen des Vaters, dort sah er auch seine ganze Herrlichkeit. Ähnlich war es auch bei Abraham, als er bereit war, Isaak auf dem Berg Morija darzubringen: Es war sein Gehorsam, der alle seine Zweifel an Gott und an seiner Beziehung zu ihm vertrieb.

Vers 7: **Schön bist du, meine Freundin,
in allem, und kein Makel ist an dir!**

Vers 8: **Komm mit mir vom Libanon, [meine] Braut,
komm mit mir vom Libanon!
Steig herab vom Gipfel des Amana,
vom Gipfel des Schenir und des Hermon,
von den Lagerstätten der Löwen,
von den Bergen der Leoparden!**

Christus sieht seine Braut als vollständig und rein an. Sie ist verändert und **makellos**, trotz ihrer eigenen Zweifel. Erfüllung ist kein Zustand, den wir erreichen, sondern ein Weg, den wir gehen. Unsere Einheit mit ihm bringt neues Wachstum.

Viele Christen haben Christus erfahren und wissen trotzdem nicht, wie sie weitergehen können. Im zweiten Kapitel des Hohen Liedes erklärt die Braut: *„Er führte mich ins Weinhaus."* Sie erlebt völlige Zufriedenheit, aber Zufriedenheit ist nicht immer Erfüllung. Der Bräutigam sagt: *„Mach dich auf, meine Freundin ... komm doch!"* (2,10.13). Rahel war zufrieden, nachdem sie Joseph empfangen hatte, aber Jakob verlangte von ihr, sich aufzumachen und alles zurückzulassen, was ihr vertraut war. Obwohl sie zufrieden war, dass Gott ihr Rufen gehört und sie ein Kind bekommen hatte, war sie unfähig, alles zurückzulassen, und stahl den Hausgötzen Labans.

Die Braut muss den Gipfel ihrer Zufriedenheit und angenehmen Erfahrung verlassen. Die Berge, die in Vers 8 erwähnt werden, gelten als wunderbare, angenehme Orte. Der **Libanon** ist ein Land mit herrlichen Bergen (5. Mose 3,25). Auch in Jesaja 35,2 finden wir den Ausdruck „die Herrlichkeit des Libanon". In Psalm 133,3 lesen wir vom erfrischenden „Tau des **Hermon**" und in Psalm 89,12 vom „Jauchzen" des Hermon.

Selbst in den größten und schönsten Augenblicken des Lebens, in denen wir den Wert des Lebens erkennen, gibt es Löwengruben und Leoparden auf den Bergen. Der Feind geht umher wie ein brüllender Löwe, bereit, jeden Unabhängigen zu verschlingen, der zu diesem Berg der Sicherheit geht (1. Petrus 5,8). Lot wollte zunächst nicht zum Berg der Sicherheit (1. Mose 19,17), erst später verließ er die Stadt und ging dann doch auf den Berg. Letztendlich brachten seine Unentschlossenheit und seine Ängste die Moabiter und Ammoniter hervor, Söhne der fleischlichen Natur und des Konflikts.

Christus lehrt uns durch sein Leben, dass wahre Erfüllung nicht in unserem Streben nach Zufriedenheit und Erfolg liegt, wir müssen unseren Wert in Christus kennen. Er führt uns zum Berg der Myrrhe und zum Hügel des Weihrauchs, damit wir wahre Erfüllung erfahren, und diese Erfüllung ist die Fähigkeit, die Bitterkeit des Lebens süß werden zu lassen. Naemi rief: *„Nennt mich nicht Naemi [meine Freude], sondern nennt mich Mara [bitter]; denn der Allmächtige hat es mir sehr bitter gemacht! Voll zog ich aus, aber leer hat mich der HERR wieder heimgebracht"* (Ruth 1,20-21). Wir können nicht nach dieser Süße suchen, sondern der Prozess der Hingabe meines Lebens an seinen Willen wird für mich zum Weihrauchhügel werden, zur Süße meines Lebens.

Vers 9: Du hast mir das Herz geraubt, meine Schwester, [meine] Braut; mit einem einzigen deiner Blicke hast du mir das Herz geraubt, mit einem einzigen Kettchen von deinem Halsschmuck!

Es ist unmöglich, die Liebe Gottes zu begreifen. Unser Bedürfnis, geliebt zu werden, ist extrem stark, doch ironischerweise entwickelt sich unsere Fähigkeit zu lieben erst aus unserer menschlichen Bedürftigkeit. Liebe zu geben ist ein ebenso starkes Bedürfnis und schafft eine menschliche Verbundenheit. Die aufopfernde Liebe Christi zeigt uns die Macht der Liebe, die im Leben Frische und Erfüllung hervorbringt. In 1. Johannes 4,19 steht: *„Wir lieben ihn, weil er uns zuerst geliebt hat."* Er liebt uns nicht, weil er uns braucht. Er liebt uns, weil er Liebe ist.

Im Hohen Lied steht immer wieder, dass die Braut durch die Macht der Liebe erweckt wird. **Du hast mir das Herz**

geraubt, meine Schwester, [meine] Braut ... (4,9). Abraham bezeichnete Sarah als **Schwester**, um sein Leben zu retten, und wies Sarah an, Abimelech, dem König von Gerar, dasselbe zu sagen (1. Mose 20,2).

Der Geliebte zeigt der **Braut**, dass sie durch seine Liebe einer neuen Familie angehört. Als Maria, die Mutter Jesu, zu Besuch kommt, lehrt Jesus seine Jünger über „neue Familienverbindungen". In Matthäus 12,46-40 erklärt Jesus: *„Wer ist meine Mutter, und wer sind meine Brüder? ... Denn wer den Willen meines Vaters im Himmel tut, der ist mir Bruder und Schwester und Mutter!"* Der Bräutigam gibt der Braut zu verstehen, dass sie nicht nur seine Braut ist, sondern auch seine **Schwester**, und beides gefällt dem Vater, denn es zeigt die Einheit der Beziehung.

Als seine Braut werden wir eins mit Jesus, so wie er mit dem Vater eins ist (Johannes 17,20-23). Jesus betet, dass wir in ihm vollkommen gemacht werden. Durch Einheit werden wir vollkommen gemacht. Braut zu sein bedeutet, vervollkommnet, vervollständigt und ausgefüllt zu werden.

Der Bräutigam sagt: *„**Mit einem einzigen deiner Blicke hast du mir das Herz geraubt.**"* Die Wahrnehmung der Braut wurde durch die Offenbarung verändert, die der Bräutigam ihr schenkte. In Matthäus 16,13-17 fragt Jesus seine Jünger: *„Für wen halten die Leute mich, den Sohn des Menschen?"* Petrus antwortete: *„Du bist der Christus, der Sohn des lebendigen Gottes!"* Jesus sagte zu ihm. *„Fleisch und Blut hat dir das nicht geoffenbart, sondern mein Vater im Himmel!"*

Der Bräutigam lenkt nun die Aufmerksamkeit auf den Halsschmuck der Braut: „ ... *mit einem einzigen Kettchen von deinem Halsschmuck.*" Es ist nicht nur das Gesamterscheinungsbild der Braut, das das Herz des Geliebten berührt, sondern sogar der Schmuck um ihren Hals. In Sprüche 1,8-9 steht: „*Höre, mein Sohn, auf die Unterweisung deines Vaters, und verwirf nicht die Lehre deiner Mutter! Denn sie sind ein schöner Kranz für dein Haupt und ein Schmuck um deinen Hals.*" Gnade ist Gottes Gunst, die uns verbindet und fähig macht, in der Ebenbildlichkeit Christi zu leben. Gnade ist eine Zierde, der **Schmuck** seiner Liebe, und sie gibt uns die Gunst, wie Esther ein Werkzeug in seiner Hand zu werden.

Vers 10: Wie schön ist deine Liebe,
meine Schwester, [meine] Braut;
wie viel besser ist deine Liebe als Wein,
und der Duft deiner Salben als alle
Wohlgerüche!

In diesem Kapitel preist der Geliebte die Braut immer wieder. Er nennt dabei acht Teile ihres Körpers. Er rühmt ihre Augen, ihr Haar, ihre Zähne, ihre Lippen, ihren Mund, ihre Schläfen, ihren Hals und ihre Brust. Die Zahl Acht symbolisiert einen Neubeginn. Die Braut muss das Alte vergessen und darf nicht länger darum besorgt sein, dem Schönheitsideal der Gesellschaft und ihrer Brüder entsprechen zu können. So viele geliebte Kinder Gottes fühlen sich hässlich und meinen, sie seien in Gottes Augen gering, nur weil sie die Erwartungen anderer Menschen nicht erfüllen.

Indem der Geliebte die **Liebe** mit **Wein** vergleicht, lehrt er die Braut die Macht der Liebe. Sie lernt, dass Liebe nicht nur ein Gefühl oder eine Verliebtheit ist, sondern durch seine Liebe und Gnade wird sie seinem Ebenbild ähnlich. Er sagt nicht, dass *seine* Liebe besser ist als Wein, (wie in Kapitel 1) sondern er sagt, dass *ihre* Liebe besser ist als Wein.

Bei der Hochzeit zu Kana verwandelte Jesus Wasser in Wein, damit das Fest weitergefeiert werden konnte (Johannes 4,46).

Wein war auch Bestandteil des Trankopfers (2. Mose 29,40-41). Ein Trankopfer symbolisierte völlige Hingabe. In 2. Timotheus 4,6 schreibt Paulus gegen Ende seines Lebens an Timotheus: *„Für mich ist nun die Zeit gekommen, dass mein Blut wie ein Trankopfer ausgegossen wird und ich aus diesem Leben scheide"* (G. N.).

Jesus war ein Trankopfer für den Vater. Für Jesus – unseren Bräutigam – ist unsere Liebe ein Duft, ja, mehr als der Duft eines hingegebenen Geistes. Unsere Liebe berührt Jesus, wie die Helden das Herz Davids berührten. Sie drangen durch die Reihen der Philister, um David Wasser aus den Brunnen Bethlehems zu bringen. Obwohl David sich nach diesem Wasser gesehnt hatte, konnte er es nicht trinken, weil die Männer dieses Wasser aus ihrer großen Liebe heraus unter Einsatz ihres Lebens geholt hatten (2. Samuel 23,14-17).

Nur unsere Liebe zu Jesus wird uns befähigen, zu überwinden. Wir schenken ihm nicht nur uns selbst, sondern gelangen auch in die Einheit durch unsere Liebe.

Der Bräutigam erklärt, dass der Duft der Salbung besser ist als alle **Wohlgerüche**. Menschliche Güte und Freundlichkeit lassen sich nicht mit dem reichen Öl des Heiligen Geistes vergleichen, mit dem er das Leben der Geliebten tränkt.

Vers 11: Honigseim träufeln deine Lippen, [meine] Braut,
Honig und Milch sind unter deiner Zunge,
und der Duft deiner Kleider
ist wie der Duft des Libanon!

Als Mose Gott in dem brennenden Dornbusch begegnete, der ihn aus der tiefen Wüste herausrief, sprach Gott zu Mose und sagte: *„Ich habe das Elend meines Volkes in Ägypten sehr wohl gesehen, und ich habe ihr Geschrei gehört ... Und ich bin herabgekommen, um sie zu erretten aus der Hand der Ägypter und sie aus diesem Land zu führen in ein gutes und weites Land, in ein Land, in dem Milch und Honig fließt ...“* (2. Mosc 3,7-8). Der Prophet Jesaja prophezeit in Kapitel 7,14-15: *„Darum wird euch der Herr selbst ein Zeichen geben: Siehe, die Jungfrau wird schwanger werden und einen Sohn gebären und wird ihm den Namen Immanuel geben. Dickmilch (Butter) und Wildhonig wird er essen.“* Jesus musste Butter und Honig essen, als er Mensch – uns gleich – wurde, um seinen Auftrag zu erfüllen.

Die Kinder Israels lebten vierhundert Jahre in der Sklaverei, bis sie nicht nur von den äußeren Fesseln frei wurden, sondern auch von den inneren Bindungen. Um innerlich frei zu sein, mussten sie Gottes Segensstrom von Milch und Honig begehren, so konnten sie in die Verheißung hineinwachsen.

Vom Kampf erschöpft tauchte Jonathan seinen Stab in eine Honigwabe, seine Augen wurden wieder klar und gestärkt errang er den Sieg (1. Samuel 14,25-27). Wenn wir von Gottes Süße schmecken, werden unsere Vision und Wahrnehmung erneuert. Honig weckt unseren Geschmackssinn. Milch steht für Überfluss und für das reine, unverfälschte Wort Gottes.

Honigseim träufeln deine Lippen, [meine] Braut. Im Strom der Inspiration und prophetischen Erkenntnis wird die Braut predigen, um eine neue Vision zu vermitteln. Sie selbst ist Teil der Verheißung geworden. Aus ihr fließt ein Strom der Inspiration, der Trostlosigkeit und Dunkelheit vertreibt.

Und der Duft deiner Kleider ist wie der Duft des Libanon! Unsere Gewänder nehmen den Duft unserer Umgebung an. An unserem Äußeren erkennt man den Einfluss unserer Umgebung. Das Gewand Josephs, das ihm sein Vater aus Liebe schenkte, weckte Eifersucht und Neid. Das Gewand der Braut bezeugt nicht nur das Versprechen, sondern beweist auch, dass sie geliebt wird. Sie kommt aus den Bergen des Libanon. An diesem Berg flehte Mose: *„Lass mich doch hinüberziehen und das gute Land jenseits des Jordan sehen, dieses gute Bergland und den Libanon!"* (5. Mose 3,25).

Der Duft der Gegenwart Gottes spricht lauter als alle Worte. Die Braut braucht nicht zu sagen, wo sie in Christus ist. Der Geruch, der Duft Christi, verrät sie. Leere Worte können keinen Duft erzeugen. Der Duft entsteht allein aus unserer

Anwesenheit in Gottes Gegenwart. Der Geliebte riecht das Parfüm ihres Gewandes und seine Liebe wird weiter entfacht.

**Vers 12: Ein verschlossener Garten
ist meine Schwester, [meine] Braut;
ein verschlossener Born,
eine versiegelte Quelle.**

Wir lesen zum ersten Mal in der Schöpfungsgeschichte von einem Garten. Nachdem Gott die Welt und das ganze Universum geschaffen hatte, pflanzte er einen **Garten**: *„Und Gott der HERR pflanzte einen Garten in Eden, im Osten, und setzte den Menschen dorthin, den er gemacht hatte"* (1. Mose 2,8). Ein Garten ist ein abgegrenzter Ort, ein Ort, an dem man Pflanzen, Bäume und Gemüse anbaut. Vor allem, wenn man in Afrika Länder besucht, die von Dürre, Hunger und Gewalt gezeichnet sind, versteht man, wie außerordentlich wichtig ein Garten sein kann. Ein Garten wird gepflanzt und ist dazu bestimmt, eine Umgebung der Schönheit inmitten von Trostlosigkeit zu schaffen. An diesem Ort des Friedens und der Schönheit sind Armut und Not vergessen. Manchmal werden Gärten durch hohe Mauern geschützt und niemand kann diese Schönheit genießen, außer er ist eingeladen und darf den Garten durch das Tor betreten.

Als Gott für Adam und Eva eine Umgebung schuf, bereitete er für sie auch einen Ort der Schönheit, an dem sie in der Kühle des Abends mit ihm Gemeinschaft haben konnten. Der Garten Eden hatte keine Mauern, sondern war von vier Flüssen umgeben. Das Wort Fluss symbolisiert den Strom des Lebens. Jesus sagt in Johannes 7,38: *„Wer an mich glaubt, wie die Schrift gesagt hat, aus seinem Leib werden Ströme lebendigen Wassers fließen."* Dieser Lebensstrom wird schützen und nähren, so wie die Flüsse um den Garten Eden die Schönheit und innige Vertrautheit schützten.

In Jesaja 51,3 steht: *„Denn der HERR tröstet Zion; er tröstet alle ihre Trümmer und macht ihre Wüsten wie Eden und ihre Steppe wie den Garten des HERRN ..."* Jesus, unser Bräutigam, sieht die Braut wie einen fruchtbaren Garten und einen kostbaren Schatz. Ihre Mauern sind Heil und ihre Tore Lobpreis, aber er sieht auch, wie die Braut mit der Wüste ihrer fleischlichen Natur ringt und die Quelle ihres geistlichen Stroms nicht erschlossen und freigesetzt ist. Sie ist noch eine **verschlossene Quelle** und ein versiegelter Brunnen. In 1. Mose 29,10 wird zuerst berichtet, dass Jakob den Stein von der Brunnenöffnung wälzte. Rahel brauchte deshalb nicht länger auf das Tränken ihrer Schafe zu warten, weil Jakob den Stein wegrollte, damit sie jetzt freien Zugang zum Brunnenwasser hatte.

Vers 13: Deine Schößlinge sind ein Lustgarten (Obstgarten d. Ü.) von Granatbäumen mit herrlicher Frucht, Cyperblumen (Henna d. Ü.) mit Narden;

Spricht die Bibel von Pflanzen, bedeutet das „hervorsprießen, befreien, wachsen". Wenn wir in Christus wachsen, sind wir wie Joseph, der über jede Begrenzung hinauswuchs, die er selbst oder andere ihm gesetzt hatten: Was sein Vater vor seinem Tod über ihm ausgesprochen hatte, erfüllte sich. In 1. Mose 49,22 steht: *„Joseph ist ein junger Fruchtbaum, ein junger Fruchtbaum an der Quelle; seine Zweige klettern über die Mauer hinaus."* Viele Christen haben immer wieder dieselben Anfechtungen. Sie gleichen den Kindern Israels, und ziehen immer wieder um den gleichen Berg, weil sie einfach nicht in Christus wachsen. Ohne Wachstum können wir die Begrenzungen und Blockaden des Lebens nicht überwinden.

Ein **Obstgarten** ist ein Garten am Haus oder eine Plantage. In diesem Obstgarten gibt es viele **Granatäpfelbäume** und jeder Granatapfel hat viele Kerne. Granatäpfel waren auch als Verzierung auf dem Saum des Ephods angebracht, das der Hohepriester trug. Rund um den Saum des Ephods waren abwechselnd Granatäpfel und goldene Glöckchen angebracht (2. Mose 39,24-25). Der Klang der Glöckchen zeigte an, dass der Hohepriester das Heiligtum betrat, um Weihrauch darzubringen. Der Klang der Glöckchen gab den Menschen auch die Gewissheit, dass der Hohepriester Gnade gefunden hatte, vor dem Herrn für sie einzutreten. Die Glöckchen verkündeten Leben vor Gott und Menschen. Die Granatäpfel mit ihren vielen Samenkörnern waren ein Zeichen der Fruchtbarkeit, durch Gott neues Leben in Vergebung und Reinheit hervorzubringen.

Aus Samen wachsen Früchte und der Geliebte sieht die gute Frucht, die die Braut entwickelt. Die Frucht des Geistes wächst nicht durch das Gebet fleischlich gesinnter Christen, die von ihren Grundbedürfnissen und Äußerlichkeiten vereinnahmt werden. Unsere Gebete sollten nicht nur Bitten um Schutz für uns selbst sein, sondern die gute Frucht unserer Lippen freisetzen. Die gute Frucht steht in Verbindung mit Henna, Cyperblumen und Narden.

Henna ist ein Färbemittel für Nägel oder Haare. Die Braut bringt durch ihr Leben in der Salbung und durch ihren Dienst Farbe hervor. Henna ist eine rötliche Farbe, die helle Akzente in ihr Leben bringt. Was die Braut tut, wird sichtbar, und die Liebe und Einheit, die sie mit dem Geliebten verbindet, werden deutlich erkennbar werden.

Narde ist ein hoch geschätztes und kostbares Parfüm. Es handelt sich um die Wurzel einer indischen Pflanze, die im Himalaja wächst. Der Geliebte vergleicht die Braut mit einem Garten, in dem die Gewürze nicht von selbst wachsen, sondern kultiviert werden. Viele Gewürze haben einen hohen Wert, weil sie in einem langen und schwierigen Wachstumsprozess entstanden sind und letztendlich Schönheit in unserem Leben hervorgebracht haben.

Diese Gewürze dienen nicht den Grundbedürfnissen, sondern ergänzen und vervollständigen die Schönheit des Lebens. Jesus kam nicht in unser Leben, um nur unsere Grundbedürfnisse zu stillen, sondern um uns seine ganze Herrlichkeit und die Fülle des Lebens zu zeigen.

Vers 14: Narden und Safran, Kalmus und Zimt, samt allerlei Weihrauchgehölz, Myrrhe und Aloe und den edelsten Gewürzen;

Die Gewürze, die der Bräutigam in seinem Garten sieht, sind Bestandteile des Salböls, sie haben also alle einen großen Anteil am köstlichen Duft des Salböls. **Kalmus** ist ein lateinisches Wort für **Rohr**; es handelt sich um ein aromatisches Schilfrohr, das beim Schneiden und Trocknen seinen Duft entfaltet. **Zimt** ist eine duftende Rinde, die als Gewürz verwendet wird und durch Erhitzen ein wohlriechendes Öl abgibt.

Safran ist eine gelbe Blüte der Krokus-Gattung. Die Blütennarben werden aus der Blume gezupft und in Plätzchen gedrückt, und geben diesen köstlichen Safranplätzchen ihren speziellen Geschmack. Safran ist ein altes Hausmittel, das Schwitzen verstärkt, die Haut wird dabei durch den Schweiß gekühlt. Das Schwitzen hält zwar die Körpertemperatur niedrig, der Schweiß hat aber meist einen heftigen, unangenehmen Geruch. Der Bräutigam sieht Narde und Safran zusammen. Jesus schwitzte im Garten Gethsemane, als er darum rang, den Willen des Vaters zu erfüllen, doch durch die völlige Hingabe seines Willens entstand ein Wohlgeruch.

Es gibt Umstände in unserem Leben, bei denen durch das Ringen um ihre Bewältigung ein menschlicher Geruch entsteht, durch unsere Hingabe wird jedoch der köstliche Wohlgeruch eines Fleischopfers aufsteigen (3. Mose 2,1). Weihrauch ist ein Bestandteil im Parfüm des Heiligtums. Er wurde zusammen mit dem Fleischopfer dargebracht, darum wurde Weihrauch zu einem Symbol für Gebet: *„Lass mein Gebet wie Räucherwerk gelten vor dir, das Aufheben meiner Hände wie das Abendopfer"* (Psalm 141,2). In Lukas 1,10 steht: „*Und die ganze Menge des Volkes betete draußen zur Stunde des Räucherns.*" In Offenbarung 5,8 und 8,3 wird das Gebet ebenfalls mit Weihrauch verglichen.

Gebet ist nicht das Ziel, sondern das Ergebnis eines Lebens, das dem Geliebten hingegeben ist und so zu einem Wohlgeruch wird. Myrrhe umfasst bei uns allen einen großen Teil des Lebens. In Ruth 1,20 lesen wir, wie Naemi, was „meine Freude" bedeutet, ausruft: „*Nennt mich nicht Naemi, sondern nennt mich Mara; denn der Allmächtige hat es mir sehr bitter gemacht!*" Mara bedeutet *bitter*. Wohl jeder weiß von seiner eigenen *Myrrhe-Erfahrung* zu berichten, in der wir die Bitterkeit des Lebens, unseren Mangel, unsere Unzulänglichkeiten und unsere Sünden verkraften müssen. Ohne die Bitterkeit des Lebens wäre Naemi nicht nach Bethlehem in Juda zurückgekehrt, zum Brothaus, zum Land des Lobpreises. Wir alle wären nicht da, wo wir stehen, wenn menschliche Güte allein unser Leben befriedigen würde. Befriedigung führt uns nicht in unsere Lebensbestimmung hinein. Deshalb ist **Myrrhe** der größte Bestandteil des Salböls. Die Salbung bricht das Joch, so dass wir die Bitterkeit des Lebens annehmen und die Kraft finden, sie mit der Süße der Hingabe zu vermischen, um im Opfer Erfüllung zu finden. Das ist das lebendige Opfer, welches wir sind.

Aloe ist ein wohlriechendes Harz und Parfüm, das aus den Blättern der Pflanze gewonnen wird. Nikodemus brachte eine Mischung von Aloe und Myrrhe, und balsamierte damit den Leichnam Christi. Aloe verleiht somit sogar unserem Tod einen wohlriechenden Duft.

Vers 15: eine Gartenquelle, ein Brunnen lebendigen Wassers, und Bäche, die vom Libanon fließen!

Christus starb, um für uns eine Umgebung zu schaffen, in der wir Leben finden können. In Jesaja 5 spricht der Geliebte von seiner Enttäuschung, weil er für die Braut eine vollkommene Umgebung geschaffen hat, sie aber nur wilde Trauben hervorbringt. Der Geliebte weiß, dass die Braut aus dem Strom des Lebens schöpfen muss, um das zu bewahren, was Christus gegeben hat.

Eine **Quelle** ist ein natürlicher Ursprung lebendigen Wassers. Alle Flüsse werden aus Quellen gespeist und hängen vom Oberflächenwasser ab. Die Tiefe, die wir in Christus haben, hat darum nichts mit einem erfrischenden Regen zu tun. Eine Erfrischung ist herrlich, weil sie den Boden aufweicht, aber der Strom kommt, wie in Hesekiel 47,1 beschrieben, aus seinem Tempel, aus seiner Wohnung.

Ein **Brunnen** hat einen tiefen Schacht, der weit unter die felsige Oberfläche reicht und von Menschenhand gegraben wird. Um seinen eigenen Brunnen anzulegen, muss man selbst tief graben. Niemand kann auf Dauer nur aus dem Brunnen anderer trinken. Abraham grub mehrere Brunnen, trotzdem musste Isaak, der Same der Verheißung, seine eigenen Erfahrungen machen und graben. Zu graben bedeutet zu suchen, zu forschen. Isaak grub den Brunnen *Rechobot,* was *ausdehnen* oder *weit machen* bedeutet. In Rechobot gab Gott Isaak Raum, um sich zu entwickeln und zu wachsen, aber er musste dennoch die Auseinandersetzung mit den Hirten von Gerar durchmachen.

Den ersten Brunnen, den Isaak grub, nannte er *Esek*, was *Auseinandersetzung* oder *Streit* bedeutet. Den zweiten Brunnen nannte er *Sithna*, was *Anklage und Streit* bedeutet. Sind wir in die Freiheit hineingelangt und schöpfen vom lebendigen Strom des Lebens, der in unserem geistlichen Menschen fließt, dann erkennen wir die Feindseligkeit unserer fleischlichen Natur. Unsere fleischliche Natur wird mit aller Kraft mit vielfältiger Bedrängnis und Anklage gegen diesen Strom des lebendigen Wassers kämpfen, bis wir über uns selbst hinauswachsen und jenen Brunnen des lebendigen Wassers finden, der nicht durch unsere fleischliche Natur verunreinigt werden kann.

In 1. Mose 26,25 lesen wir, wie Isaak einen Altar baute, nachdem er den Brunnen Rechobot gegraben hatte, und dort den Namen des Herrn anrief.

Vers 16: Erwache, du Nordwind,
      und komm, du Südwind,
      durchwehe meinen Garten,
      dass sein Balsam träufle!
      Mein Geliebter komme in seinen Garten
      und esse seine herrliche Frucht!

Erwache, du Nordwind, und komm, du Südwind. Hier drückt die Braut ihre Sehnsucht und ihr Verlangen aus, die nur aus der Einheit und Verbundenheit mit dem Geliebten entspringen. Sie ignoriert ihre Ängste aus der Vergangenheit und ist in diesem Augenblick auch nicht mehr auf ihre eigene Sicherheit bedacht. Christus bringt eine Sehnsucht nach neuer Frische und Kühnheit in ihr Leben.

Ein Wind bringt oft eine Klimaveränderung mit sich. Der **Nordwind** symbolisiert etwas Dunkles, Düsteres, Unbekanntes; er beschreibt auch die feste Entschlossenheit, in einen neuen Abschnitt unseres Lebens einzutreten. Dabei besteht immer die Ungewissheit des Unbekannten. Wenn wir etwas Neues annehmen wollen, dürfen wir uns nicht an die vertrauten Dinge unseres Lebens klammern. Wenn wir uns nur in unserem vertrauten Lebensstil bewegen, wird der Glaube völlig passiv; er wird zu einer Sache, die wir benutzen, statt Substanz zu sein. In Hebräer 11 geht es um den Glauben als Grundlage und wie der Wind der Veränderung und Ungewissheit von Abraham bis zu den Jüngern wehte. Deshalb wünscht sich die Braut das Wehen des Windes. Spreu und Weizen müssen getrennt sein, damit wir in der Fülle des Lebens wandeln können.

Südwinde symbolisieren Trost, aber auch Austrocknung. Hitze weckt Durst. Jesus segnet uns, wenn wir durstig sind, und gibt uns von seinem Wasser zu trinken, sodass wir nie wieder dürsten. Oftmals sind es gerade die dürren Zeiten, in denen unser Durst geweckt wird. Mit diesem Durst ist ein neues Verlangen nach seiner Gegenwart verbunden, dass er uns tröstet und unsere Sehnsucht stillt.

Durchwehe meinen Garten, dass sein Balsam träufle! Die Braut möchte, dass der Wind weht, weil sie nicht mehr an ihrem eigenen Leben festhält. Ihre innere Offenbarung wird zum äußeren Ausdruck ihrer Sehnsucht und ihres Verlangens, sodass das innere Wirken Christi aus ihrem Garten herausfließen kann. Sie betrachtet ihn nicht mehr länger als ihren Besitz. Sie möchte, dass der Wind des Geistes ihr Leben zu einem Leben der Anbetung macht. Sie erkennt, dass ihr Garten in Wirklichkeit sein Garten ist. Sie wurde mit einem hohen Preis erkauft. Jesus zahlte das Lösegeld für uns. Wir gehören nicht mehr uns selbst. Weil sich die Braut Christus hingibt, bringt sie Frucht hervor, eine Frucht, die ihn erfreut. Alles, was sie will ist, dass er von ihrer Frucht nimmt.

Kapitel 5

Begehren

Vers 1: **Ich komme in meinen Garten,**
meine Schwester, [meine] Braut;
ich pflücke meine Myrrhe samt meinem Balsam;
ich esse meine Wabe samt meinem Honig,
ich trinke meinen Wein samt meiner Milch.
Esst, [meine] Freunde, trinkt und berauscht
euch an der Liebe!

Der Geliebte hört den Herzenswunsch der Braut, nachdem sie dem Wind zugerufen hat, in ihren **Garten** zu wehen. Nachdem sie jeden Besitzanspruch aufgegeben hat, ist es nicht mehr ihr Garten, sondern sein Garten, nicht mehr ihr Leben, sondern sein Leben. Das hingegebene Leben hat keinen größeren Wunsch, als von ihm berührt zu werden. Wir übergeben uns Jesus Christus. Er hört unseren Ruf und kommt in seinen Garten.

Nach der Zeit des Säens folgt jetzt die Zeit der Ernte. Die Frucht der Einheit ist köstlich, wenn unser Potenzial nicht länger brach liegt, sondern ausgeschöpft wird. Christus hat alles gegeben, und nun empfängt er die **Liebe** der Braut. Sie ist an Erkenntnis, an Güte und Erneuerung ihres Sinnes gewachsen. Er ermutigt jetzt auch andere, aus dem Reichtum ihres Lebens zu trinken, denn es ist ihre Erntezeit.

Vers 2: **Ich schlafe, aber mein Herz wacht.**
Da ist die Stimme meines Geliebten, der
anklopft! „Tu mir auf, meine Schwester, meine
Freundin, meine Taube, meine Makellose;
denn mein Haupt ist voll Tau,
meine Locken voll von Tropfen der Nacht!"

Schlaf ist ein wichtiger Teil unseres Lebens. Ohne Schlaf gäbe es keine Träumenden. Wie oft offenbarte sich Gott in Träumen? Daniel, Jakob und Joseph und viele andere auch, empfingen die größten Offenbarungen in einem Zustand des Ausruhens, in dem ihre fleischliche Natur sie nicht am Empfangen hindern konnte. Im Zustand der Ruhe kann Gott uns offenbaren, wohin wir gehen und wo er ist.

Der Geliebte kommt in den Nachtstunden zur Braut und offenbart ihr, was in ihrem Herzen ist und wie ihre Gedanken sind. Er steht an der Tür ihres Herzens und **klopft an**. Sie wartet auf ihn, aber er kommt zu einer unerwarteten Stunde. Oft warten wir mit Beten und Fasten auf den Herrn. Wir nehmen uns eine gewisse Zeit, in der wir auf seinen Besuch vorbereitet sind, aber er kommt dann zu einem Zeitpunkt, wenn wir überhaupt nicht bereit und vorbereitet sind. Er klopft an und sagt: „Öffne mir. Löse dich von deinen Vorstellungen und lass mich herein."

Hier kommt der Geliebte, nicht auf einem weißen Pferd oder in einer Kutsche, sondern in der Nacht. **Haupt** steht hier als Symbol für Autorität und sein Haar bzw. seine Locken sind erwähnt als Hinweis auf die Salbung, sie sind vom Tau durchtränkt. Jesus weiß, was es bedeutet, eine ganze Nacht hindurch zu ringen. Seine Jünger schliefen im Garten Gethsemane; sie waren unfähig, ihre Augen offen zu halten; sie sahen nicht, was dort vor sich ging. Jesus möchte nicht, dass die Braut es genauso macht und ihn ausschließt, weil er ihre Erwartungen nicht erfüllt, und – weil er zu einem unerwarteten Zeitpunkt kommt.

Vers 3: **Ich habe mein Kleid ausgezogen,**
wie sollte ich es [wieder] anziehen?
Ich habe meine Füße gewaschen,
wie sollte ich sie [wieder] besudeln?

Die Braut fängt an, zu ihrem Geliebten zu sprechen und nennt Gründe, weshalb sie ihn nicht hereinlassen kann und will. Sie hat bereits **ihr Kleid ausgezogen**, weil sie ihn nicht mehr erwartet hat. Ihre Erwartungshaltung hat sie unabhängig gemacht. Sie liebt ihn doch. Was ist der Grund, dass sie jetzt nicht ihre Meinung ändert und für das Unerwartete bereit ist?

Ich habe meine Füße gewaschen, wie sollte ich sie wieder besudeln? Sie spricht von ihrer selbst erlangten Reinheit. Viele von uns sind nicht deshalb rein, weil wir uns für den Herrn ausgesondert haben, sondern wir sind in unseren eigenen Ideen isoliert. Petrus hielt sich auch für heilig und rein, nur weil er die Reinheitsgebote erfüllte, doch dann forderte ihn der Heilige Geist auf, etwas Unreines zu essen. Petrus zog diese Schuhe an und betrat einen Weg, den er allein nie gegangen wäre, und dann verstand er die große Offenbarung Gottes:

Bei Gott gibt es kein Ansehen der Person. Die Braut redet und argumentiert mit dem Geliebten, doch sie öffnet nicht die Tür.

Vers 4: Aber mein Geliebter streckte seine Hand durch die Luke; da geriet mein Herz in Wallung seinetwegen.

Da wir die Kraft des Wortes kennen, ist es interessant zu sehen, dass der Geliebte die Braut nicht mit überredenden Worten zu beeinflussen versucht. Ich sehe so viele Dienste, die alles probieren, um Menschen auf eine neue Ebene zu führen. Sie versuchen mit allen möglichen überredenden Worten, fleischlich gesinnte Menschen geistlicher zu machen, aus selbstsüchtigen Menschen gebende Menschen zu machen. Der Geliebte zeigt uns, dass es Zeiten gibt, in denen seine Stärke durch seine Berührung der Liebe offenbart wird. Er verurteilt die Braut nicht, während sie hinter der verschlossenen Türe argumentiert; sie ist nicht in der Lage, die Türe zu öffnen. Der Herr sagte zu Petrus, dass er ihm die Schlüssel des Reiches geben würde (Matthäus 16,19). Ein Schlüssel ist dazu da, Türen aufzuschließen. Oft können wir sie aber so lange nicht öffnen, bis wir frei sind, uns unsere innerste Sehnsucht und den Traum jenseits unserer Vernunft einzugestehen und zu begreifen.

Mein Geliebter streckte seine Hand durch die Luke. Ich weiß, dass es Zeiten gibt, in denen Gott uns veranlasst auszubrechen, damit wir in die Fülle des Lebens gelangen; aber dies verlangt eine Antwort auf seine Liebe, wenn unser innerstes Sein von seiner Liebe berührt wird.

Vers 5: **Ich stand auf, um meinem Geliebten zu öffnen;**
da troffen meine Hände von Myrrhe
und meine Finger von feinster Myrrhe
auf dem Griff des Riegels.

Als die Braut jetzt endlich die Tür öffnet, denkt sie nur daran, dass er kommen wird, und nicht daran, dass diese Liebe ihr Leben völlig verändert. Als sie aufsteht, um die Tür zu öffnen, und ihre Finger auf den Griff des Riegels legt, erlebt sie, wie duftendes Öl über ihre Hände tropft, sie bekommt ihren Anteil an dem Öl, das der Bräutigam durch seine Berührung hinterlassen hatte. Seine Berührung bleibt uns unvergesslich und verleiht uns die Kraft, ihm auch dann nachzufolgen, wenn unsere Erwartungen nicht erfüllt werden.

Vers 6: **Ich tat meinem Geliebten auf;**
aber mein Geliebter hatte sich zurückgezogen,
war fortgegangen.
Meine Seele ging hinaus, auf sein Wort;
ich suchte ihn, aber ich fand ihn nicht;
ich rief ihm, aber er antwortete mir nicht.

Die Braut kämpft mit der Enttäuschung, als der Bräutigam nicht durch die Tür tritt. Sie möchte jetzt, dass er hereinkommt, aber er hat sich wieder aus ihrem Leben und ihrer Umgebung zurückgezogen. Er führt die Braut in einen Prozess der Verwandlung. Er verändert sie von einer Zuschauerin zu einer Suchenden. Viele im Volk Gottes suchen überhaupt nicht, sie haben gar nicht das Gefühl, etwas verloren zu haben. Wir müssen Gott bitten, dass er uns dieses Sehnen, die

Erinnerung an seine Nähe, wieder ins Herz legt. Der Bräutigam berührt die Geschmacksnerven der Braut, damit sie sich wieder nach den Dingen sehnt, von denen sie geschmeckt hat. Gott lässt uns Dinge schmecken, damit wir das Verlangen bekommen, sie nicht nur zu kosten, sondern zu essen.

Das Suchen umfasst einen großen Teil unseres geistlichen Lebens. Häufig möchten wir, dass uns etwas gegeben wird, aber Jesus sagt in Matthäus 6,33: *„Trachtet vielmehr zuerst nach dem Reich Gottes und nach seiner Gerechtigkeit, so wird euch dies alles hinzugefügt werden!"* In Matthäus 7,7 steht: *„Bittet, so wird euch gegeben; sucht, so werdet ihr finden; klopft an, so wird euch aufgetan!"* Die Braut wurde für seine Liebe erweckt und muss sich entscheiden, in der Fülle seiner Liebe zu leben. Sie kann keinen weiteren Moment mehr zögern. Sie muss ihn finden. Aber Suchen ist ein Prozess.

Vers 7: Es fanden mich die Wächter,
welche die Runde machen in der Stadt;
die schlugen mich wund,
sie nahmen mir meinen Schleier weg,
die Wächter auf der Mauer.

Sie geht nun hinaus in die Stadt und sucht ihn, aber bevor sie ihren Geliebten findet, wird sie von den **Wächtern** gefunden, die die Stadt bewachen. Sie sieht nicht gut aus. Vielleicht hat sie vor lauter Eile vergessen, sich ordentlich zu kleiden, und wird irrtümlich für ein Straßenmädchen, eine Prostituierte, gehalten. Manch einer, der von Gottes Liebe berührt wurde, stößt auf großes Unverständnis bei denen, die sich so sicher im Glauben und ihrer eigenen Berufung fühlen. Sie verletzen den Suchenden und verstehen ihn nicht. Zum ersten Mal erfährt die Braut Schmerzen, nicht in erster Linie, weil ihre Brüder wütend auf sie sind, sondern weil sie liebt.

Schmerz ist ein Geschenk, das niemand haben will. Es ist aber genau das, was uns gesund erhält, denn Jesus litt für uns. In seinen Wunden sind wir geheilt. Die Braut bekommt dadurch nicht nur Anteil an der Salbung, sondern auch am Leid. Gerade die Wächter auf der Mauer, die eigentlich Sicherheit bieten sollten, weil sie der Feinde wegen Wache halten, sind diejenigen, die der Braut den **Schleier** wegnehmen, sie bloßstellen und dadurch verletzbar machen.

Vers 8: **Ich beschwöre euch, ihr Töchter Jerusalems,**
wenn ihr meinen Geliebten findet,
was sollt ihr ihm berichten?
dass ich krank bin vor Liebe!

In ihrer Schutzlosigkeit beschwört die Braut die Töchter Jerusalems, eines dem Geliebten unbedingt zu sagen: dass sie krank vor Liebe ist.

Vers 9: **Was ist dein Geliebter**
vor anderen Geliebten,
o du Schönste unter den Frauen?
Was ist dein Geliebter
vor anderen Geliebten,
dass du uns so beschwörst?

In ihrer Sehnsucht nach ihm beschreibt die Braut in allen Einzelheiten, wie ihr Geliebter ist, um auch in den anderen den Wunsch zu wecken, ihn besser kennen zu lernen, damit auch sie nicht länger mit dem Level zufrieden sind, auf dem sie sich jetzt befinden. Um den Töchtern Jerusalems zu helfen, diese Liebe und Einheit mit anderen Augen, mit Verständnis, wahrzunehmen, beschreibt die Braut den Geliebten in allen Einzelheiten.

**Vers 10: Mein Geliebter ist weiß und rot,
hervorragend unter Zehntausenden!**

Die Braut weiß, dass ihr Geliebter durch und durch rein ist, frei von jeder bösen Absicht. Er kam nicht, um sie zu täuschen. Jesus, unser Geliebter, sagt das so klar in Matthäus 7,8-11: *„Denn jeder, der bittet, empfängt; und wer sucht, der findet; und wer anklopft, dem wird aufgetan. Oder ist unter euch ein Mensch, der, wenn sein Sohn ihn um Brot bittet, ihm einen Stein gibt, und, wenn er um einen Fisch bittet, ihm eine Schlange gibt? Wenn nun ihr, die ihr böse seid, euren Kindern gute Gaben zu geben versteht, wieviel mehr wird euer Vater im Himmel denen Gutes geben, die ihn bitten!"* Satan, die alte Schlange, täuschte Adam und Eva, aber der Vater im Himmel gab uns Jesus, seinen Sohn, der kam, um uns die Wahrheit zu bringen.

Gott erwählte David nicht deshalb, weil jeder ihn mochte. Er wählte ihn, weil er sein Herz sah – ein Herz, das beim Hüten der Schafe auf den Weiden vorbereitet worden war

(1. Sam. 16,11-12); sein Gesicht war gerötet, er hatte einen offenen Gesichtsausdruck und sah gut aus. Die Braut weiß, dass der Geliebte einen sonnengebräunten, **rötlichen** Teint hat, weil er die Elemente nicht scheut. Seine Schönheit ist nicht nur bei großen Versammlungen zu sehen, sondern auch im Sturm, im Regen und im Sonnenschein. Es ist immer Jesus, auf den wir sehen, auf ihn schauen wir und sehen seine Herrlichkeit, denn **er ist hervorragend unter Zehntausenden!**

Vers 11: Sein Haupt ist reines Feingold,
seine Locken sind gewellt,
schwarz wie ein Rabe.

Christus ist unser **Haupt**, er ist die Autorität und seine Autorität hat die Qualität von **Gold**. Viele Menschen wollen „Oberhaupt" sein, aber ihre Autorität bringt Verurteilung und Unfreiheit. Die Autorität Christi ist wie reines Gold. Da gibt es keine Vermischung wie bei einer Legierung, auch keine Zwiespältigkeit. Man kann es auch mit der Stiftshütte vergleichen: Der äußere Vorhof ist zugänglich für alle, seine Geräte sind aus Bronze, während das Allerheiligste und die Geräte des Heiligtums nicht von vielen gesehen werden, aber nur dort sind die Voraussetzungen für Gottes Gegenwart erfüllt. Die Autorität Christi ist nicht dominierend, sondern stark und rein in der Erfüllung seines Bundes und seiner Verantwortung.

Die Erwähnung des Haares erinnert an die Salbung. Ein Nasiräer durfte sich als Zeichen der Weihe die Haare nicht schneiden. Als Simsons Haar abgeschnitten wurde, verlor er seine Kraft und die Fähigkeit, seine Berufung als Befreier zu erfüllen und wurde ein Sklave. Die Salbung Jesu lässt sich nicht für eigene Zwecke missbrauchen. Oft meinen Menschen aufgrund einer besonderen Offenbarung, sie könnten sich alles so hinbiegen, wie sie es gerne hätten – sich die Salbung „zurechtstutzen". Aber das ist ein Irrtum. Das Haar des Bräutigams wird als gekräuselt und rabenschwarz beschrieben. Niemand erhält die Salbung durch eigenes Bemühen oder menschliche Einsicht, wir können sie uns nicht „aneignen". Seine Salbung lässt sich nicht für eigene Vorteile benutzen.

Schwarz – Schwärze symbolisiert auch das Fehlen von Leben. Gott begann den Tag mit der Nacht. Im Allerheiligsten war es dunkel. Wir „leben" nicht in seiner Salbung, nur weil wir Erkenntnis haben. Wir erleben seine Salbung, indem wir uns in den düsteren und dunklen Momenten unseres Lebens aufmachen und in seine Gegenwart dringen.

Raben werden auch an einer anderen Stelle in der Bibel erwähnt: Gott schickte einen Raben, um Elia zu versorgen (1. Könige 17,4). Raben sind von Natur aus sehr gefräßige Vögel, aber auf Gottes Anweisung brachte der Rabe dem Propheten die Nahrung.

Jesus war ein Mensch und wurde wie wir versucht, aber die Salbung brach das Joch der fleischlichen Natur und aus der Dunkelheit wurden Vision und Bestimmung geboren.

Vers 12: Seine Augen sind wie Tauben an Wasserbächen, gebadet in Milch, sie sitzen [wie Edelsteine] in ihrer Fassung.

Seine **Augen** haben die rechte Perspektive und Wahrnehmung und sind schön. Die innere und äußere Sicht fließen zusammen und ergeben ein vollkommenes Bild. In Habakuk 1,13 steht: *„Deine Augen sind so rein, dass sie das Böse nicht ansehen können."*

Vers 13: Seine Wangen sind wie Balsambeete,
in denen würzige Pflanzen turmhoch wachsen;
seine Lippen wie Lilien,
aus denen feinste Myrrhe fließt.

Auf den **Wangen** spiegelt sich unser emotionaler Ausdruck. Wangen sollten sanft sein. Jesus zeigt uns, dass nicht Härte, sondern Sanftheit Stärke zum Ausdruck bringt.

Sanftheit ist eine Macht, die wir noch nicht richtig entdeckt haben. Es ist die sanfte Antwort, die Zorn beschwichtigt (Sprüche 15,1). In Klagelieder 3,30 steht: *„Schlägt ihn jemand, so biete er ihm die Wange dar und lasse sich mit Schmach sättigen!"* Und in Hiob 16,10 lesen wir: *„Er biete dem, der ihn schlägt, die Wange"* (Elberfelder). Auf die Wange geschlagen zu werden war und ist eine große Beleidigung, eine Niederlage. Jesus sagt uns aber in Matthäus 5,39: *„Ihr sollt dem Bösen nicht widerstehen, sondern wenn dich jemand auf deinen rechten Backen schlägt, so biete ihm auch den anderen dar."* Unsere Wange verrät Freude wie auch Traurigkeit und Ärger. Christus zeigt uns, dass Freude und auch die Tränen, wenn wir sie dem Herrn der Ernte geben, einen Duft hervorbringen, der jede Traurigkeit, Kälte oder Härte überwältigt.

In 5. Mose 23,24 steht: *„Was aber über deine Lippen ge-gangen ist, das sollst du halten und tun, so wie du es dem HERRN, deinem Gott, freiwillig gelobt hast; das, was du mit deinem Mund versprochen hast."* Oft sagen wir Dinge, die von uns erwartet werden, oder wir sagen etwas, um anerkannt oder geliebt zu werden. In Psalm 12,3 steht: *„Sie erzählen Lügen, jeder seinem Nächsten; mit schmeichelnder Lippe, mit hinterhältigem Herzen reden sie."* Die Lippen Jesu gleichen Lilien: Was er sagt, ist rein, weil es direkt aus der Reinheit sei-nes Herzens zu uns kommt.

Seine Lippen (sind) wie Lilien, aus denen feinste Myrrhe fließt. Die Lippen Jesu bringen eine Inspiration, die selbst die Bitterkeit des Lebens süß werden lässt.

**Vers 14: Seine Finger sind wie goldene Stäbchen,
mit Tarsisstein besetzt;
sein Leib ein Kunstwerk von Elfenbein,
mit Saphiren übersät.**

Ein Ring wird als Schmuck getragen, damit er Finger, Arme oder Handgelenke ziert. Als Siegelring ist er ein Zeichen von Autorität und Gunst. In 1. Mose 41,42 heißt es: *„Und der Pharao nahm den Siegelring von seiner Hand und steckte ihn an die Hand Josephs."* In Lukas 15,22 steht, dass der Vater dem verlorenen Sohn nach seiner Heimkehr als Zeichen der Liebe, Würde und Anerkennung einen Ring an den Finger steckt.

Die Braut sieht, wie die Hände ihres Geliebten sie mit Kraft und Reinheit berühren. Der **Tarsisstein** ist ein sehr hartes Mineral. Jesus trug das Siegel der Bestätigung. Er nimmt das, was ihm gehört, mit dem Wissen und der Zustimmung seines Vaters.

Sein Leib (ist) ein Kunstwerk von Elfenbein, mit Saphiren übersät. Als der Geliebte seine Hand durch die Türöffnung steckt, berührt dies die Braut bis in ihr Innerstes. Sie begreift, sie wurde berührt, weil er die Liebe in ihr weckte. In Jesaja 63,15 ist davon die Rede, wie Gott von Liebe und Barmherzigkeit bewegt wird. Er liebt die Braut mit großer Zuneigung und Zärtlichkeit.

„Sein Leib (ist) ein Kunstwerk von Elfenbein." Salomos Thron wurde aus Elfenbein gefertigt (1. Könige 10,18). Elfenbein war ein Luxusgut und ein Zeichen von Wohlstand. Wir müssen verstehen, der Herr liebt uns nicht, weil wir bedürftig und verzweifelt sind, seine Liebe strömt aus der Fülle. Sie schimmert und glänzt und ist mit kostbaren Edelsteinen besetzt. **Saphire** können tiefblau sein. Gottes Liebe ist nicht seicht, sondern fließt aus der Tiefe der Hingabe und Treue.

Vers 15: Seine Schenkel sind Säulen aus weißem Marmor, gegründet auf goldene Sockel; seine Gestalt wie der Libanon, auserlesen wie Zedern.

In Offenbarung 3,12 steht: *„Wer überwindet, den will ich zu einer Säule im Tempel meines Gottes machen."* Viele Menschen beten darum, geistlich zu werden. Gebet bedeutet, ein Gespräch zu führen, zu fragen, zu bitten. Die Tatsache, dass unsere Gebete erhört werden, bedeutet noch nicht, dass sich damit auch unser Charakter verändert. Es gibt einige Dinge, die wir nicht aus dem Grund empfangen, weil wir Gebetskämpfer sind, sondern weil wir überwunden haben. Zu überwinden bedeutet, etwas zu bezwingen, den Sieg zu erringen. Wer siegt, erhält eine Belohnung. Eine Säule zu sein heißt, in Gottes Gegenwart fest gegründet zu sein.

Der Geliebte ist ein Überwinder. Jesus ging in den Garten Gethsemane, er hat dort überwunden, weil er auf **goldene Sockel** gegründet ist. Seine Stärke gleicht herrlichem **Marmor**, und Marmor selbst steht für ein Siegeszeichen. Jesus ist unsere Säule der Sicherheit, so dass wir in die Gegenwart des allmächtigen Gottes treten können.

Seine Gestalt (ist) wie der Libanon, auserlesen wie Zedern. Der Libanon ist für seine Erhabenheit und Schönheit bekannt – eine Schönheit, die Kreativität weckt und Begabungen in den Menschen freisetzt. Der Libanon ist berühmt für Zedern, Wein und kühles Wasser. Das ganze Erscheinungsbild des Bräutigams, seine Gestalt und Gegenwart erwecken in uns die Vorstellung von Schönheit und Frische. Sie entfachen in uns den Wunsch, ihm unsere Liebe zu zeigen.

**Vers 16: Sein Gaumen ist süß,
und alles an ihm ist lieblich.
So ist mein Geliebter,
und so ist mein Freund,
ihr Töchter Jerusalems!**

In Psalm 119,103 steht: *„Wie süß ist dein Wort meinem Gaumen, mehr als Honig meinem Mund!"* Er erweckt unseren Geschmack, so dass wir nach seinem Wort verlangen, wie ein neugeborenes Baby nach der Muttermilch, damit sein Wort unser Leben und unsere Stärke wird.

Kapitel 6

Gewissheit

Vers 1: **Wohin ist dein Geliebter gegangen,**
du Schönste unter den Frauen?
Wohin hat sich dein Geliebter gewandt?
Wir wollen ihn mit dir suchen!

Der Geliebte hat in seiner Braut ein Bewusstsein geweckt und sie erlebt, dass sie sich zu einer Frau entwickelt, die die volle Offenbarung seiner Herrlichkeit und Gegenwart erfährt. Sie zeigt eine Tiefe, die nun in den Töchtern Jerusalems das Verlangen weckt, diesem Geliebten zu begegnen, der das Herz der Braut erobert hat. Sie wollen ihn gemeinsam mit ihr suchen, damit sie den sehen können, der ihr Leben so sehr verändert und verwandelt hat. Oftmals wissen die Menschen nicht, wie sie sich nach Christus ausstrecken sollen, bis sie schließlich jemand treffen, der eine wirkliche Liebesbeziehung zu ihm hat, und sie dadurch auf einen neuen Level der Erkenntnis über Jesus bringt, welcher starb, um sein Leben für uns hinzugeben.

Vers 2: **Mein Geliebter ist in seinen Garten**
hinabgegangen, zu den Balsambeeten,
um sich in den Gärten zu ergehen
(d. Ü. um seine Herde in den Gärten zu weiden)
und Lilien zu pflücken!

Jetzt muss die Braut ihn nicht mehr verzweifelt suchen. Sie kennt den, der ihr Herz berührt hat. Sie überlässt sich völlig seiner Liebe und weiß: Er ist bereits an den Ort gegangen, an dem seine Liebe uneingeschränkt ist und ohne Furcht und Zögern erwidert werden kann. Er hat einen Freiraum geschaffen. Wie oft erstirbt die Liebe zwischen Menschen, weil es keine Atmosphäre des Vertrauens, der innigen Beziehung und Gemeinschaft mehr gibt. Die Braut weiß, dass ihr Geliebter in seinen Garten gegangen ist, an den Ort der Fruchtbarkeit und des Wachstums, wo jegliches Potenzial zur vollen Entfaltung kommt. Hier geschieht Wachstum, weil die richtigen Bedingungen herrschen.

Die Erwähnung des **Balsambeetes** bedeutet Sehnsucht nach dem perfekt passenden Duft. Jesus verströmt durch sein Leben genau dieses Aroma, das in uns, seiner Braut, eine solche Sehnsucht nach ihm weckt, dass der Preis unseres Opfers im Licht seiner Herrlichkeit verblasst.

In seinem **Garten zu weiden** deutet auf Verbundenheit und Freundschaft hin. In Gott und am inneren Menschen zu wachsen ist unmöglich, wenn wir nicht die richtige Beziehung und Freundschaft haben, dies gilt auch für zwischenmenschliche Beziehungen. Auf jedem Level in unserem Leben muss eine gegenseitige Inspiration erfolgen, ein Geben und Nehmen. Ein Bund ist nie einseitig. Beide Seiten brauchen die Einsicht und den guten Willen, um zu wachsen und um diesen Bund zu halten, zu bewahren.

… und Lilien zu pflücken. Dieser Hinweis beschreibt, wie Jesus kommt und seine Freude zeigt, indem er einen Blumenstrauß für seine Geliebte pflückt.

**Vers 3: Ich bin meines Geliebten,
und mein Geliebter ist mein,
der unter den Lilien weidet.**

Durch ihre Suche erhält sie die Offenbarung, und aus ihrer Beziehung erwächst eine Zuversicht, die durch nichts mehr erschüttert werden kann. Ich bin sein und er ist mein: Jesus genießt die Freude, dass ich ihm gehöre. Welche Freiheit hat die Braut jetzt! Sie ist nicht langer das kleine Dorfmädchen mit den Komplexen. Sie weiß, dass er sie liebt und dass sie ihn liebt. Nichts kann uns von der Liebe Gottes trennen (Römer 8,35-39).

**Vers 4: Du bist schön, meine Freundin, wie Tirza,
lieblich wie Jerusalem,
furchtgebietend wie Heerscharen mit
Kriegsbannern!**

Tirza und Jerusalem waren strategisch wichtige Städte. Der Name **Tirza** bedeutet *gefällig* oder *angenehm*. Die Stadt war für ihre Schönheit bekannt. Josua nahm Tirza ein (Josua 12,24). Die Stadt wurde Manasse zugewiesen. Jerobeam lebte in Tirza und die Stadt wurde zur Hauptstadt des Nordreiches.

Jerusalem bedeutet *Besitz des Friedens* oder *Fundament des Friedens*. Es ist die Stadt Davids. David gründete seinen Wohnsitz in Zion. Er baute dem Herrn einen Altar auf der

Tenne des Jebusiters Ornan. Salomo baute an dieser Stätte den Tempel. Jerusalem wurde zum Zentrum des zivilen und religiösen Lebens. Die Schönheit seiner Braut ist eine fest verankerte Tatsache im Herzen des Geliebten. Er hat sie durch seine Liebe und seinen Frieden erobert, sie gehört ihm. Er zahlte einen Preis für die Seinen, um ihre Beziehung zu einem Zentrum seines Handelns zu machen. Er weiß, dass seine Geliebte nicht mehr das nette Dorfmädchen ist. Die Verwandlung ist offensichtlich. Gott errichtet sein Banner und zeigt sich wie ein starkes, mächtiges Heer. Sein Name steht für seine Gegenwart und seinen Schutz.

**Vers 5:   Wende deine Augen ab von mir,
denn sie überwältigen mich!
Dein Haar gleicht der Ziegenherde,
die vom Bergland Gilead herabwallt.**

In Kapitel 4 beschreibt der Geliebte die Schönheit der Braut. Dort erwähnt er zuerst ihre Augen, sie sind wie Taubenaugen. Doch diesmal beschreibt er nicht das Aussehen ihrer Augen, jetzt spricht er von ihren Augen und der Art, wie sie ihn wahrnimmt, sie sind Zeichen ihrer Verwandlung, und mit der Reinheit ihres Herzens sieht sie Gott. Gott offenbart sich denen, die reines Herzens sind (Matthäus 5,8).

**Vers 6:   Deine Zähne gleichen einer Herde Mutterschafe,
die von der Schwemme kommen,
die allesamt Zwillinge tragen,
und von denen keines unfruchtbar ist.**

Vers 7: **Wie Granatapfelhälften**
sind deine Schläfen hinter deinem Schleier.

Von Vers 5–7 wiederholt der Bräutigam die verwandelten Eigenschaften der Braut, damit sie versteht und begreift, dass sie nicht länger so ist, wie andere sie gesehen haben, und sie sich selbst auch so wahrnimmt, wie er sie sieht. Die Offenbarung darüber, wie Jesus uns sieht, und unsere veränderte Wahrnehmung wird endlich zu unserer Identität.

Als David gesalbt wurde, kam der Geist des Herrn auf ihn und veränderte seine Identität von der eines Hirtenjungen zu der eines Königs. Wir können nicht länger Menschen mit einer „Dorfmädchenmentalität" sein und gleichzeitig unser Brautkleid tragen. Stets müssen wir uns darüber im Klaren sein: Nicht ein Brautkleid macht eine Braut zur Braut, sondern der Bräutigam.

Vers 8: **Sechzig Königinnen sind es,**
und achtzig Nebenfrauen,
dazu Jungfrauen ohne Zahl.

Gott gebrauchte Salomo, um der Gemeinde eine Offenbarung zu übermitteln. Salomo lebte in einer Haremsgesellschaft, in der viele Frauen seine Liebe begehrten, weil damit Anerkennung, Macht, Glanz und Königsherrschaft verbunden waren. Die Könige hatten zahlreiche Nebenfrauen und auch Konkubinen für das sexuelle Vergnügen. Manchmal verhält sich die Gemeinde wie eine solche Konkubine, der es nur um weltlichen Besitz geht. Sie gibt ihre Liebe, um auf dieser Erde mit Macht und Autorität gesegnet zu sein, ohne je das größte aller Geschenke zu verstehen: das ewige und überfließende Leben Gottes.

Vers 9: **[Doch] diese Eine ist meine Taube, meine Makellose; sie ist die Einzige ihrer Mutter, sie ist die Auserwählte derer, die sie geboren hat. Die Töchter sahen sie und priesen sie glücklich, die Königinnen und Nebenfrauen rühmten sie:**

In Matthäus 22,14 steht: *„Denn viele sind berufen, aber wenige sind auserwählt!"* Unter den Berufenen, den Eingeladenen, gibt es viele Spekulationen über die Teilnahme am Wettlauf. Wir sind eingeladen, neue Ebenen der Erkenntnis und des Lichts zu betreten, und doch werden aus den Vielen nur einige Wenige herausgegriffen werden, und die Wenigen sind die *Eine* geworden. Es wird nur eine einzige Braut Christi geben. Sie wird nicht durch Dienst und Gaben die Voraussetzungen erfüllen, sondern durch die Verwandlung.

Der Ausdruck **meine Taube, meine Makellose** drückt aus, wie der Bräutigam sie wahrnimmt. Die Liebe hat die Braut von Verbitterung und Zorn der Vergangenheit gereinigt. Sie ist die Einzige ihrer Mutter. In Ruth 4,15 sagen die Frauen über Ruth zu Naemi: *„... denn deine Schwiegertochter, die dich liebt, hat ihn geboren, sie, die dir mehr wert ist als sieben Söhne!"* Die Frauen der Stadt erkannten, welcher Segen der alten Naemi durch Ruth zuteil wurde und sie priesen Ruth. Der Bräutigam bestätigt die Berufung der Braut, die geboren wurde, um als die Eine diese Berufung zu erfüllen. Selbst die

Königinnen und Nebenfrauen anerkennen ihre Bestimmung. Es gibt keinen Raum mehr für Eifersucht oder Streit. Wenn Gott uns durch seine verwandelnde Kraft mit seiner Herrlichkeit prägt, kann die fleischliche Natur Gottes Strom nicht länger aufhalten.

Vers 10: Wer ist sie, die hervorglänzt wie das Morgenrot, schön wie der Mond, klar wie die Sonne, furchtgebietend (d. Ü. beeindruckend) wie Heerscharen mit Kriegsbannern

Wenn Christus in uns Gestalt annimmt, werden sogar die Menschen, die uns zu kennen glauben und mit uns vertraut sind, sich wundern, wie die **Morgenröte** in unserem Leben hervorbricht. Als Ruth sich zu den Füßen Boas schlafen legte, schützte er sie in den Nachtstunden, damit niemand die Situation falsch interpretieren konnte. Als Ruth am Morgen zu ihrer Schwiegermutter zurückkehrte, fragte Naemi sie: *„Wie steht es mit dir, meine Tochter?"* (Ruth 3,16). Die Braut ist bei ihren Freunden genauso bekannt, wie Jesus bei den Menschen seiner Umgebung bekannt war – sie kannten ihn aber nur als Sohn Josephs; doch dann ließ die göttliche Offenbarung Petrus erkennen, dass Jesus der Sohn Gottes war.

Die Braut lebt in der Zeit der Erfüllung der Verheißung. In Psalm 104,19 steht: *„Er hat den Mond gemacht zur Bestimmung der Zeiten; die Sonne weiß ihren Untergang."* Und in 1. Mose 1,16 lesen wir: *„Und Gott machte die zwei großen Lichter, das große Licht zur Beherrschung des Tages und das* *kleinere Licht zur Beherrschung der Nacht."* Menschen, die vorbereitet und mit seiner Schönheit bekleidet sind, werden Tag und Nacht leuchten und strahlen und Einfluss haben. Die Braut wird das Banner erheben und ihren Besitz in Anspruch nehmen, während um sie herum viele Menschen vor Angst vergehen und das Ziel verfehlen. Die Braut kann ihre Bestimmung nicht verfehlen, da die Liebe sie festhält und umschließt.

Vers 11: Zum Nussgarten war ich hinabgegangen, um die grünen Triebe des Tales zu betrachten, um zu sehen, ob der Weinstock ausgeschlagen, ob die Granatbäume Blüten getrieben hätten.

Einige Übersetzungen legen diesen Vers so aus, dass der Geliebte durch den **Nussgarten** geht, während andere Übersetzungen davon ausgehen, dass Sulamit gemeint ist. Eines ist sicher: Sie sind für eine Zeit lang getrennt, damit die Liebe Raum zum Wachsen hat und sich entfalten kann. Oft wird eine junge Liebe durch Selbstsucht und Besitzanspruch auf einer bestimmten Stufe gehalten und kann dadurch nicht weiterwachsen. Liebe an sich hat keine Grenzen, aber wir selbst schaffen Beschränkungen und müssen dann darin leben.

Die Braut wartet nicht länger darauf, dass der Bräutigam kommt, sondern geht in den Nussgarten. Nüsse sind sehr nahrhaft, aber ihre Schalen müssen erst geknackt werden, damit wir sie essen können. Ich erinnere mich: In meiner Kindheit besaßen nur wenige Leute einen Nussknacker, wir mussten andere Wege finden, die Schalen aufzubrechen, damit wir die köstlichen Nüsse essen konnten. David musste zuerst einen Löwen und einen Bären bezwingen, bevor er so weit war, Goliat entgegenzutreten und ihn überwinden zu können. Als Braut müssen wir zulassen, dass unsere „Schalen" aufgebrochen werden, damit wir zur vollen Entfaltung gelangen, bevor man die süße Frucht genießen kann.

Die Geliebte geht in das **Tal**, um die Früchte (die grünen Triebe) zu sehen. Unser Streben ist meist darauf ausgerichtet, auf den Berggipfel zu gehen, aber in den Tälern finden wir die Frucht.

Jesus hatte viele Gipfel-Erfahrungen, bei denen er neue Ebenen seiner Bestimmung erreichte, vom Berg der Versuchung über den Berg der Seligpreisungen bis zum Berg der Verklärung. Die Frucht, die uns die Kraft gibt, von Gipfel zu Gipfel zu steigen, wächst jedoch im Tal. Im Tal nehmen wir unser Erbe und das ewige Leben in Besitz.

Die Braut erkennt, dass es Stufen in unserem Leben gibt, die wir bewältigen müssen, ihr Durchschreiten bringt eine andere Schönheit und neue Erwartungen. In 1. Mose 40,9-13 lesen wir, dass der Mundschenk des Pharaos zusammen mit Joseph im Gefängnis saß. Er hatte seine Stellung und Macht verloren und machte seine „Tal-Erfahrung". Der früher angesehene Vertraute des Pharaos suchte nun nach einer Antwort auf seine Notlage. Er hatte einen Traum und sah, wie der Weinstock Knospen ansetzte, blühte und Früchte bildete. Knospen und Blüten symbolisieren, dass etwas hervorbricht bzw. zum Durchbruch kommt. Um in den Talerfahrungen an

Gottes Gunst zuzunehmen, müssen wir blühen und Früchte hervorbringen.

Als das Volk gegen Aaron und Mose rebellierte, bestätigte Gott deren Autorität, indem er inmitten der Rebellion Israels durch das Aufkeimen frischen Grüns am Stabe Aarons seine Gunst offenbarte. In 4. Mose 17,23 steht: „*Und es geschah am nächsten Morgen, als Mose in das Zelt des Zeugnisses trat, siehe, da sprosste der Stab Aarons, des Hauses Levis; er hatte ausgeschlagen und Blüten getrieben und trug reife Mandeln.*" Dieser Stab der Bestätigung Gottes, der inmitten der Rebellion der Kinder Israels sprosste, wurde schließlich im Allerheiligsten unter dem Sühnedeckel der Bundeslade als Zeichen gegen die Aufsässigen aufbewahrt (4. Mose 17,25).

Die Braut geht nicht mehr in den Weinberg ihrer Brüder. Sie geht zu ihrem eigenen Weinberg. Ihr Leben, ihre Wahrnehmung und ihre Wünsche werden nicht länger von der Missbilligung der anderen beeinflusst. Die Liebe hat sie freigesetzt, in Zuversicht zu handeln und Christus in sich zu erfahren. Wir können nicht sagen, dass wir Jesus Christus kennen, nur weil wir uns auf die Heilige Schrift berufen. Wir müssen ihn in unserem Innersten finden. Wenn wir Christus als das Wort in fleischlicher Gestalt erkennen, werden wir ein nicht nur nützliches, sondern ausgezeichnetes Gefäß werden.

Vers 12: Ich wusste nicht, dass mein Verlangen mich gesetzt hatte auf die Wagen meines edlen Volkes.

Exzellenz geht nicht aus Selbstbewusstsein hervor, sondern erwächst aus dem Prozess der Hingabe. Wir ringen nicht mehr um Gehorsam, sondern fügen uns voller Vertrauen und Zuversicht in seine Liebe.

Vers 13[*]: **Dreh dich, dreh dich, o Sulamit, dreh dich, dreh dich, dass wir dich betrachten! Was wollt ihr Sulamit betrachten wie den Reigen von Mahanaim (d. Ü. der beiden Lager)?**

Der Geliebte ruft nach Sulamit. Der Name **Sulamit** hat denselben Stamm wie *Salomo*, was *Frieden und Vergebung* bedeutet. Mit Salomo begann eine neue Ära. Er baute den Tempel und läutete eine neue Glanzzeit ein. Sulamit erlebte Frieden durch Vergebung. Sie ist durch die innige Vertrautheit gewachsen, sodass sich Frieden und Vergebung in ihrem Gesicht spiegeln. Wenn wir uns seiner bewusst sind, werden wir ihm ähnlich.

Als Jakob heimkehrte, musste er sich Esau stellen. In 1. Mose 32,2-3 steht: *„Jakob aber ging seines Weges; da begegneten ihm Engel Gottes. Und als er sie sah, sprach Jakob: Das ist das Heerlager Gottes! Und er gab jenem Ort den Namen Mahanaim."* Bevor er Esau traf, sah er die Engel. Jakob hatte durch diese Begegnung Gottes Herrlichkeit an seinem sterblichen Leib erfahren. Sulamit geht auf die Bitte ein,

---

[*] Verszählung nach engl. Ausgabe; in der Schlachterbibel ist dieser Vers der erste Vers von Kapitel 7.

sich betrachten zu lassen. Was würde man im Reigen der **beiden Lager** sehen? Man würde ein fließendes Miteinander sehen. Ihre fleischliche Natur kämpft nicht mehr gegen den Willen und die Absichten Gottes.

Jakob musste sich seinem Bruder stellen, doch dieser vergaß völlig seinen Zorn, als er ihn sah. Jakob war nicht mehr der, der betrog und stahl. Die Braut weiß ganz genau, dass sie nicht mehr das Dorfmädchen ist. Es ist das Ineinanderfließen der **zwei Lager**, der zwei Heere, um die gemeinsame Absicht und den Zweck zu erfüllen.

Kapitel 7

Erfüllung

Dieses Kapitel ist für jemanden, der außen steht und nur zuhört, nicht leicht zu verstehen. Die Vertrautheit zwischen Mann und Frau kann auf Außenstehende peinlich wirken. Adam und Eva waren im Garten mit der Herrlichkeit Gottes bedeckt und umgeben. Obwohl sie nackt waren, schämten sie sich nicht. Liebe ist schwer zu verstehen, wenn man nie geliebt oder die Liebe nur benutzt hat. Liebe bedeckt, sie ist ein Schutz. Darum sind wir ohne Liebe schutzlos und nackt. Und wenn wir nackt sind, ist jeder Makel offensichtlich und sichtbar. Die Begriffe „verheiratet sein" und „gepriesen sein" stammen beide aus demselben Wortstamm. Der Bräutigam behandelt die Braut keineswegs herablassend, sondern preist ihre Schönheit, weil er sie mit den Augen der Liebe ansieht.

Jesus Christus ist unsere *Bedeckung*. Mit seiner Liebe deckt er jeden Makel unseres Charakters und unserer Persönlichkeit zu.

Vers 2: **Wie schön sind deine Schritte (d. Ü. Füße) in den Schuhen, du Tochter eines Edlen! Die Wölbungen deiner Hüften sind wie ein Schmuckstück, von Künstlerhand gemacht.**

Es wirkt auf den ersten Blick etwas seltsam, dass Salomo zuerst die **Füße** erwähnt, aber sie sind in unmittelbarer Bodennähe und dadurch ständig dem Staub und Schmutz ausgesetzt. Der Bräutigam spricht über ihre Füße, denn sie ist durch vieles gegangen und wurde dadurch verwandelt. Sie hat sein Herz erobert.

In 5. Mose 11,24 steht: *„Jeder Ort, auf den eure Fußsohle tritt, soll euch gehören."* Und in Josua 14,9 heißt es: *„Da schwor mir Mose an jenem Tag und sprach: ,Das Land, auf das du mit deinem Fuß getreten bist, soll dein Erbteil sein und das deiner Kinder auf ewig, denn du bist dem HERRN, meinem Gott, ganz nachgefolgt!'"*

Wie interessant, dass der Geliebte aber nun nicht nur ihre Füße, sondern auch ihre **Schuhe** beachtet. Als Gott Mose berief, musste dieser seine Schuhe ablegen (2. Mose 3,5). Das Ausziehen der Schuhe ist ein Zeichen der Anbetung und Ehrerbietung. Hier besteht die Beziehung auf einer anderen Ebene; dennoch betet die Braut den Herrn an.

Als die Israeliten aus Ägypten auszogen, gab Gott ihnen konkrete Anweisungen, wie sie ausziehen sollten: Sie mussten das letzte Passahmahl mit dem Stab in der Hand und den Schuhen an ihren Füßen essen. Sie standen im Begriff, in die Erfüllung der Verheißung einzutreten. Im Neuen Testament in Epheser 6,15 lesen wir: *„ ... und die Füße gestiefelt mit der Bereitschaft [zum Zeugnis] für das Evangelium des Friedens."*

Wir machen Fortschritte in unserer Beziehung mit Christus, wir freuen uns über den Prozess, der uns von Herrlichkeit zu Herrlichkeit führt und unsere Fußspuren prägen durch das Gewicht seiner Herrlichkeit die Welt.

Es ist wichtig, die Gute Nachricht zu verkünden, aber wir müssen der Welt auch die Gute Nachricht *zeigen – vorleben*, denn es bedeutet Frieden, wenn wir in die Fülle Christi hineinwachsen.

Die Wölbungen deiner Hüften sind wie ein Schmuckstück, von Künstlerhand gemacht. Unsere Füße könnten nirgendwohin gehen, wenn wir keine Beine hätten, die unserem Körper Standfestigkeit geben und Bewegung ermöglichen. Wenn wir die Kraft der Wahrheit Christi in uns finden und uns „auf sie stellen", ist das wie ein Geschenk, wie ein Schmuckstück für unseren Körper und ziert uns genauso wie eine Säule den Tempel.

Eine Säule wird man nicht einfach schon deshalb, weil man Beine hat. Alle Beine sehen ziemlich gleich aus, auch wenn sie sich in Form und Größe unterscheiden. Längst nicht alle Beine haben die Kraft, dem Sturm der Zeit standzuhalten. In der Offenbarung ist davon die Rede, eine Säule im Tempel zu werden: *„Wer überwindet, den will ich zu einer Säule im Tempel meines Gottes machen, und er wird nie mehr hinausgehen ..."* Hier im Hohen Lied wird die Braut selbst zum Geschenk. Sie wird einem kostbaren Juwel gleich, das durch die Langmut, Gnade und Liebe des Bräutigams geschliffen wurde.

Wenn hier von **Hüfte** gesprochen wird, hat dies die Bedeutung von *nachgiebig, kein Widerstand*. Ein Eid wurde besiegelt, indem man die Hand unter die Hüfte legte (1. Mose 24,2; 47,29). Die Hand wurde an die verwundbarste Stelle eines Mannes gelegt, dorthin, wo er auch das Schwert trug. Ein Eid war absolut verpflichtend und unauflöslich. Ein Eid war eine Verpflichtung, das undurchtrennbare Band einer Verbindung, mit dem man sich selbst umschloss. Weder Distanz noch Trennung und nicht einmal die nachfolgende Generation konnte die beiden Parteien von ihrem Eid entbinden.

Die heutige Gemeinde würde auf der Grundlage eines Eides nicht überleben. Gott weiß, wie schwach wir sind und wie leicht unsere Bündnisse und unsere Vereinbarungen gebrochen werden, weil wir nicht einmal die Kraft haben, unsere selbst gemachten Versprechungen zu halten. Auch Petrus konnte das nicht, als er mit dem gekreuzigten Christus konfrontiert wurde. Heute können wir nur aus Gnade *stehen*, weil Christus starb, um uns eine „Hüfte" zu geben, die weich und doch stark ist und uns mit der Wahrheit verbindet. In Epheser 4,15-16 steht: „ ... *sondern, wahrhaftig in der Liebe, heranwachsen in allen Stücken zu ihm hin, der das Haupt ist, der Christus. Von ihm aus vollbringt der ganze Leib, zusammengefügt und verbunden durch alle Gelenke, die einander Handreichung tun nach dem Maß der Leistungsfähigkeit jedes einzelnen Gliedes, das Wachstum des Leibes zur Auferbauung seiner selbst in Liebe.*" Und in Kolosser 2,19 steht: „ ... *und nicht festhält an dem Haupt, von dem aus der ganze Leib,*

durch die Gelenke und Bänder unterstützt und zusammenge-
halten, heranwächst in dem von Gott gewirkten Wachstum."

Vers 3:   Dein Schoß (d. Ü. Nabel) ist wie eine runde
Schale, in der der Mischwein nicht fehlt;
dein Leib ist wie aufgehäufte Weizenkörner,
mit Lilien eingefasst.

In der englischen „New Century Version" wird das hebräische
Wort für **Schoß** mit *Nabel* übersetzt. Der Nabel ist das
Einzige, worin wir uns von Adam und Eva unterscheiden.
Nachdem Eva vom Baum der Erkenntnis des Guten und des
Bösen gegessen hatte, mussten sie das Paradies verlassen.
Abel und Kain wurden in den Überlebenskampf hineingebo-
ren. Eva musste selbst herausfinden, wie sie die Nabelschnur
durchtrennen und das Leben in diesen Überlebenskampf „frei-
geben" konnte, in dem es die Herrlichkeit Gottes nicht mehr
gab.

Der Nabel ist wie ein Geburtstagsgeschenk, das man in
dem Moment erhält, wenn man in das Leben entlassen wird –
um Leben zu entdecken und trotz Härte und Leid Erfüllung zu
finden. In Sprüche 3,7-8 steht: *„Halte dich nicht selbst für*
weise; fürchte den HERRN und weiche vom Bösen! Das wird
deinem Leib [Nabel] Heilung bringen und deine Gebeine
erquicken!"

Salomo hatte alles. In seinem Leben fehlte es an nichts,
dennoch stellte er fest, dass Leben nicht im Überfluss liegt,
sondern in der Erkenntnis und Einsicht. Die Braut kommt

heraus aus ihrem Überlebenskampf, denn der Geliebte schenkte ihr Erkenntnis über ihre Bestimmung der Einheit und Erfüllung in ihm. Deshalb erklärt der Geliebte, dass ihr Nabel **wie eine runde Schale [ist], in der der Mischwein nicht fehlt**. Psalm 104,15 spricht davon, dass *„der Wein das Herz des Menschen erfreue"* und in 1. Mose 14,18-19 steht: *„Aber Melchisedek, der König von Salem, brachte Brot und Wein herbei. Und er war ein Priester Gottes, des Allerhöchsten. Und er segnete ihn."*

Melchisedek segnete Abraham nicht nur, sondern hatte Gemeinschaft mit ihm. Gemeinschaft ist eine Handlung und kommt auch durch das gemeinsame Essen und Trinken zum Ausdruck. Wir können einander nicht in ganzer Fülle segnen, wenn wir keine Gemeinschaft miteinander pflegen. Das ist auch der Grund, warum wir in Christus vervollständigt – komplett sind, weil er sein Leben für uns hingab. Jesus liebte uns, bevor wir überhaupt wussten, was Liebe ist. Jesus fragte die Frau am Brunnen, ob sie etwas zu trinken hätte, doch sie hatte nichts. Sie wusste nicht, was Leben ist. Sie suchte am falschen Ort nach Liebe und Erfüllung. Sie war selbst wie ein leerer Brunnen.

Der Geliebte hat im Leben der Braut Wein hervorgebracht. Ihr Leben erfreut sein Herz, weil sie ihre Bestimmung versteht und lebt (Sprüche 9,1-6).

Dein Leib [Bauch] ist wie aufgehäufte Weizenkörner, mit Lilien eingefasst. Der Bauch ist zunächst hohl und leer; dort ist der Sitz des Hungers, verschiedene seelische Prozesse scheinen von hier aus gesteuert zu werden. Wir sprechen von einem flauen Gefühl oder Schmetterlingen im Bauch. Das Hungergefühl ist ein Zeichen von Gesundheit. Wir müssen hungrig sein, um wachsen zu können, es gibt aber auch Situationen, in denen sich der Hunger zu einer Gier entwickelt, die zerstörerische Folgen für uns hat.

In Sprüche 20,27 steht: *„Der Geist des Menschen ist eine Leuchte des HERRN; sie durchforscht alle verborgenen Kammern des Inneren."*

Der geistliche Mensch wird nicht durch das Stillen des physischen Hungers ernährt. Unsere Entwicklung hängt von unseren Prioritäten ab. Esau hungerte und seine Gier veranlasste ihn, sein Geburtsrecht aufzugeben und Jakob wandte jede nur erdenkliche List an, um dieses Geburtsrecht zu erlangen, das die Nahrung allein ihm aber nicht verschaffen konnte (1. Mose 25,27-34, 1. Mose 27,1-29).

Reife wächst heran wie beim **Weizen**. Weizen ist wertvoller als Gerste. Gerste hat jedoch eine kürzere Wachstumszeit und gedeiht auch auf kargem Boden. Ruth und Naemi kamen zur Zeit der Gerstenernte in Bethlehem in Juda an. Es genügt jedoch nicht, im Brothaus = Bethlehem anzukommen; wir müssen selbst durch unser Leben Brot hervorbringen.

Die Tennen waren so angelegt, dass das Getreide beim Dreschen dem Wind ausgesetzt war. Man ließ Tiere über das Getreide trampeln, bis sich die äußere Spreu gelöst hatte; dann warf man die Körner in die Luft, damit die Spreu fortgeweht wurde.

Wie können wir erkennen, wie wir leben sollen, solange die Spreu – der unverdauliche Teil – noch in unserem Leben ist? Jesus sagte in Johannes 7,38: „ *... aus seinem Leib werden Ströme lebendigen Wassers fließen.* "

Der Leib der Braut lässt sich mit einem Weizenhaufen vergleichen. In ihrem Leben hat eine Trennung stattgefunden. Sie hat die Spreu nicht festgehalten – all die Dinge in ihrem Leben, die unter einem Fluch standen und kein Leben hervorbrachten. Sie hat gesammelt. In Römer 8,28 steht: „ *Wir wissen aber, dass denen, die Gott lieben, alle Dinge zum Besten dienen, denen, die nach dem Vorsatz berufen sind.* " Der Hunger der Braut hat nicht nur Appetit geweckt, sondern zu einer Reife und Erkenntnis geführt, die wahre Erfüllung mit sich bringen.

... mit Lilien eingefasst. Eine Einfassung bedeutet, etwas einzuzäunen oder zu umzäunen, eine Begrenzung. Jeder Besitz oder Erbteil hat seine Grenzen. Die Braut kennt ihren Besitz. Wenn wir in die Fülle des Lebens gelangen, werden wir nicht um Freude ringen, sondern Freude ausstrahlen. In Israel gibt es mehrere Arten von Lilien; manche sind weiß, andere rot. Blumen blühen nicht, um Frucht hervorzubringen, sondern um Schönheit, Farbe und Duft zu verströmen. Die Braut schützt ihren Besitz nicht mit Kasteiungen und Entsagungen, wie es z. B. die Nasiräer tun, um rein zu sein. Die Fülle ihres Lebens wird durch ihre Blüten umgrenzt. Die Zeit des Fastens ist vorüber, weil der Bräutigam anwesend ist. Die Zeit des Feierns ist gekommen. Der Bräutigam freut sich an der Reinheit und Reife der Braut, und aus ihrem Leben fließt Leben.

Vers 4: Deine beiden Brüste gleichen zwei jungen Gazellen, Gazellenzwillingen.

Die **Brüste** einer Frau sind sehr wichtig. Viele Frauen tun heutzutage sehr viel, nur um in unserer Gesellschaft als attraktiv zu gelten. Die Erwähnung der Brüste der Braut bedeutet viel mehr, als nur Begierde und Verlangen zu wecken. Ihre Erwähnung steht für Erfüllung und Sättigung. Als Jakob Joseph seinen Segen gab, wusste er um Josephs Stärke in schwierigen Situationen. In 1. Mose 49,25 segnet er Joseph und gibt ihm jenen besonderen Segen, der Israel neue Frische bringen wird – den Segen der Brust und des Mutterleibs. In Jesaja 66,11 steht: „*... indem ihr euch satt trinkt an ihrer tröstenden Brust, indem ihr euch in vollen Zügen labt an der Fülle ihrer Herrlichkeit!*" Manche junge Mädchen sehen schon wie Frauen aus, aber ihr inneres Wachstum ist durch traumatische Erlebnisse blockiert. Da Gott hier ausdrücklich die Brüste segnet, segnet er damit das Frausein insgesamt.

Die Töchter Zelophchads aus Manasse, eines Sohnes Josephs, kamen zu Mose und den führenden Männern Israels und forderten ein Erbe, damit der Name ihres Vaters nicht ausstürbe und der Besitz nicht verloren gehe. In 4. Mose 27,7 sagt der Herr: „*Die Töchter Zelophchads haben recht geredet ...* ", und mit dem erhaltenen Besitz bekamen sie Trost und Befriedigung in einer scheinbar aussichtslosen Situation.

Der Geliebte weiß, dass die Brüste Erfüllung bedeuten. Ein Reizen oder Anregen ohne Erfüllung führt zu Frustration.

Salomo beschreibt und vergleicht die Reife ihres Frauseins mit *„zwei jungen Gazellen"*. Eine Gazelle wird immer als Bild für Schönheit und Anmut gewählt und drückt gleichzeitig auch die ungezähmte Freiheit der Braut aus. Das Frausein wurde in eine bestimmte Rolle gezwungen, und selbst die Gemeinde muss in einem religiösen System eine bestimmte Rolle erfüllen. In Sprüche 6,5 steht: *„Rette dich aus seiner Hand wie eine Gazelle und wie ein Vogel aus der Hand des Vogelstellers!"*

Der hebräische Name für Gazelle kommt von einem Wort, das „hüpfen" und „springen" bedeutet. Die Braut wächst durch Reife und Fähigkeit in eine neue Freiheit. Ihre Brüste werden wie Zwillinge sein, zwei und doch total gleich, um ihre Bestimmung zu erfüllen und damit Erfüllung zu bringen. Ihre Brüste werden kein Objekt sein, sondern ein Ausdruck der Entwicklung, Reife, Anmut und Ehre.

Vers 5:   Dein Hals gleicht einem Turm aus Elfenbein,
deine Augen den Teichen von Hesbon
am Tor Batrabbim;
deine Nase ist wie der Libanonturm,
der nach Damaskus schaut.

In Kapitel 4 spricht der Geliebte davon, dass die Braut groß-artige Fähigkeiten hat, und hier in Kapitel 7 beschreibt er ihre Schönheit.

Elfenbein ist ein Zahn oder Stoßzahn und seine Schönheit entsteht durch Wachstum. Zur Zeit Salomos war Elfenbein ein Zeichen großen Reichtums. Die Braut wurde nicht reich, obwohl sie hart arbeitete, denn sie arbeitete für ihre Brüder und hatte keinen eigenen Besitz. Ein **Turm** deutet auf Wohlstand und Erhabenheit hin, auf etwas, das heranwächst und groß wird. Dieses Wachstum kommt durch Integrität, Schönheit und Weisheit.

... deine Augen den Teichen von Hesbon am Tor Batrabbim. Der Name **Hesbon** bedeutet *Festung* und stammt von einem Wort mit der Bedeutung „vernünftig denken, planen, wertschätzen". Hesbon wurde unter Mose erobert, als der König von Sihon dem Volk Israel nicht erlauben wollte, die Grenzen zu überqueren (4. Mose 21,23-27; 5. Mose 2,24-30).

Wir sind, was wir sehen. Oft kämpft unser Denken gerade gegen das an, was uns erfüllt. So wie der König der Amoriter Israel daran hinderte weiterzuziehen, so hindert uns oft unser Denken daran vorwärts zu kommen. Israel konnte keinen Kompromiss schließen, weil Gott das Herz des Königs verhärtet hatte. Die Braut muss ihre alten Denkweisen und Überzeugungen überwinden, um weiterzukommen. Sie muss Hesbon in Besitz nehmen. Ihre Wahrnehmung wird von neuen Werten geprägt, sie lernt das Leben zu schätzen. Ihr Denken wird jetzt durch Liebe motiviert. Man hat Speicherseen, Teiche, in Hesbon gefunden, in denen es Fische gab, woraus sich schließen lässt, dass dort gutes Wasser war. In Jesaja 35,7 steht: *„Der glutheiße Boden wird zum Teich und das dürre Land zu*

Wasserquellen.“ In der englischen „Revised Version“ steht hier: *„Die Luftspiegelung, die Illusion, wird zum Teich.“* Illusion und Fantasie werden durch die Dürre in Seele und Geist produziert, aber die überwindende Kraft Christi wird unsere Augen wie die Fischteiche Hesbons am Tor Batrabbim machen. Man nimmt an, dass Batrabbim ein Tor in Hesbon war; der Name bedeutet „Vielzahl von Töchtern“. Es wird hier von einem einzelnen Tor gesprochen, und Tor bedeutet *ein* Eingang. Wir müssen zielbewusst sein und unser Denken klar ausrichten. Hundert verschiedene Meinungen bringen uns seinem Herzen nicht näher. Die Braut hat alles losgelassen, um den zu finden, den sie liebt.

Deine Nase ist wie der Libanonturm, der nach Damaskus schaut. Hier erwähnt der Geliebte zum ersten Mal die Nase der Braut. In 3. Mose 21,16-22 sagt der Herr zu Mose, dass niemand sich dem Heiligtum nähern durfte, der einen Makel im Gesicht oder am Leib hatte. Der Geliebte beschreibt hier die Schönheit der Braut in allen Einzelheiten. Die Nase ist das Organ, das zum Atmen befähigt, durch die Nase können wir riechen und Düfte entdecken. Wenn Salomo die Nase der Braut mit einem Turm vergleicht, sagt er damit ganz sicher nicht, dass sie riesig wäre. Auch hier deutet der Vergleich mit dem Turm darauf hin, dass etwas wächst und groß und erhaben wird. Vielleicht deutet die Erwähnung eines Turmes auch auf die Wichtigkeit und das weithin sichtbare Bauwerk hin. Wir werden von unseren Mitmenschen beobachtet und wahrgenommen. Allerdings verschweigt Gott nicht, dass er uns einen Ring in die Nase legt, wenn wir zu hoch hinaus wollen und übermütig werden. In Jesaja steht: *„Weil du denn gegen mich tobst und dein Übermut mir zu Ohren gekommen ist, so will ich dir meinen Ring in die Nase legen und meinen Zaum in dein Maul"* (Jesaja 37,29).

Schwerer Atem oder Schnauben ist ein Zeichen von Zorn oder der Ausdruck einer inneren Gefühlsregung (Psalm 18,9). Wenn wir gegen Gott toben, wird Gott einen Ring in unsere Nase legen, um uns zu beruhigen und unseren Willen zu bändigen. Ein Nasenring dient dazu, wilde Tiere zu bändigen, damit man sie führen und unter Kontrolle halten kann.

Die Braut folgt dem Herrn nach, sie ist weder zornig noch verwirrt, sie atmet Leben und riecht seinen Duft.

Auf den Gipfeln des **Libanons** liegt sechs Monate im Jahr Schnee, doch auf den tiefer gelegenen Hängen wachsen Feigen, Äpfel, Aprikosen und Walnüsse. Wenn man schnuppert, braucht man nicht einmal hinzusehen, um zu erkennen, was man riecht. Die Braut kennt die verschiedenen Düfte aus der Umgebung ihres Geliebten und sie schaut in Richtung **Damaskus**, der Hauptstadt Syriens. Sie wacht und beobachtet aufmerksam. Damaskus war zwar eine schöne Stadt, aber es gab dort immer Machtkämpfe und Intrigen. Die Braut weiß, dass sie die Übersicht braucht und ihre Sicht klar sein muss. Sie kann sich nicht auf verschiedene Machtkämpfe einlassen. Elia fand Elisa auf seinem Weg vom Sinai nach Damaskus. Elisa heilte Naeman aus Damaskus von Lepra. Als Saulus drohend gegen die Jünger schnaubte und ihnen mit Mord drohte, begegnete ihm der Herr auf der Straße nach Damaskus (Apostelgeschichte 9). Saulus wurde blind nach Damaskus geführt, und dort wurde ihm das Augenlicht wieder geschenkt. Die Braut sieht in Richtung Damaskus. Sie weiß, ihr Leben wird diejenigen beeinflussen und verändern, die sich im Netz der Macht verfangen haben.

Vers 6: Dein Haupt gleicht dem Karmel, und dein herabhängendes Haupthaar dem Purpur; der König ist gefesselt durch deine Locken.

Der Geliebte beschreibt nicht nur die Schönheit in allen Einzelheiten, sondern ihr ganzes Erscheinungsbild. Wir haben die wunderbare Möglichkeit, unsere innere Einstellung durch Kopfbewegungen auszudrücken. In 1. Mose 24,26 steht: *„Da neigte sich der Mann und betete an vor dem HERRN."* Der **Kopf/das Haupt** der Braut ist wie der Berg **Karmel;** der Karmel ist ein Gartenland, ein Obstgarten, ein Weinberg. Der Berg lag innerhalb der Stammesgrenzen Assers und Asser war gesegnet unter seinen Brüdern. Auf dem Karmel brachte Elia das wankelmütige Volk zu Gott zurück und dort tötete er auch die Propheten Isebels.

Die Braut sieht und kennt das umfassende Bild. Ihr Leben gedeiht und schafft dadurch ein Umfeld, in dem Menschen Entscheidungen treffen und wahre Nachfolger werden können. Dies war ein Beweis der Weihe und Aussonderung. Jeder Israelit konnte Nasiräer werden. Ein Zeichen eines Nasiräers, der sich für eine gewisse Dauer dem Herrn geweiht hatte, war, dass er sich die **Haare** nicht schnitt. Manche waren dem Herrn schon vom Mutterleib an geweiht wie z. B. Simson und auch Johannes der Täufer. Als Delila durch eine List das Geheimnis von Simson erfahren hatte, schnitt sie ihm das Haar ab, und er verlor augenblicklich seine Kraft. Aber die gute Nachricht ist auch: Das Haar wuchs nach.

Sicher hatte die Braut kein **purpurfarbenes Haar.** Die Erwähnung der Farbe Purpur zeigt uns aber, welche Ergebnisse die Weihe mit sich bringt. Purpur ist das Symbol für königliche Würde. Es ist die Farbe, die nur von Reichen und Wohlhabenden getragen wurde, denn es war außerordentlich kostspielig, diese Farbe herzustellen. Sie wurde aus dem Sekret einer Meeresschnecke, die im Mittelmeer vorkam, gewonnen. Jede Purpurschnecke lieferte nur einen Tropfen für die Herstellung dieser Farbe, die deshalb so teuer war. Purpurfarbene Kleider wurden von Königen und hohen Beamten getragen (Esther 8,15; Lukas 16,19). Das Haar der Braut ist geweiht und wurde ein Zeichen königlicher Würde, so dass jeder die Fülle und den Reichtum eines geweihten Lebens sehen kann.

Der König ist gefesselt durch deine Locken. Die Braut muss den König nicht durch Überredung an sich ziehen, sondern ihre Schönheit nimmt das Herz des Geliebten gefangen. In Psalm 132,13 steht: *„Denn der HERR hat Zion erwählt, hat sie zu seiner Wohnung begehrt"*, und in Psalm 147,11 heißt es: *„Der HERR hat Gefallen an denen, die ihn fürchten, die auf seine Gnade hoffen."*

**Vers 7:   Wie schön bist du und wie lieblich,
o Liebe voller Wonnen!**

Manchmal ist es schwer, Schönheit zu beschreiben, da menschliche Worte sie nur bruchstückweise erklären können. Der Geliebte beschreibt die Schönheit der Braut auf drei verschiedenen Ebenen. **Schön** zu sein bedeutet, Schönheit zu pflegen und auszustrahlen. Esther erhielt dazu alle nötigen Öle und musste sich einem längeren Prozess unterziehen, um die volle Schönheit zu erlangen und zu einer Augenweide zu werden.

Der Ausdruck **lieblich** deutet ebenfalls auf Schönheit und schließt ein sanftes, anmutiges und liebenswürdiges Wesen ein. Die Geliebte weiß, dass es nicht nur eine äußerliche, sondern auch eine innere Schönheit gibt, die köstlich ist, ihre Beziehung bereichert und sie zufrieden macht.

Wonne beschreibt etwas, das luxuriös, exquisit, zart und fein ist. Durch seine Liebe hat die Braut gelernt, die feineren Dinge des Lebens zu genießen. Sie hat von der Fülle geschmeckt und muss sich nicht mehr zur Wehr setzen. Sie kann zart und verletzbar sein, ohne Angst haben zu müssen, ausgenutzt zu werden.

**Vers 8:   Dieser dein Wuchs ist der Palme gleich,
und deine Brüste den Trauben.**

In Psalm 92,13 steht: *„Der Gerechte wird sprossen wie ein Palmbaum, er wird wachsen wie eine Zeder auf dem Libanon."* Debora saß unter einer Palme, um Israel zu richten.

Die Braut wird hoch und aufrecht dastehen, um in einer Zeit der Hitze Schatten zu spenden, damit Menschen ihre Bestimmung entfalten und wahres Leben finden können. Die Blätter der **Palme** sind ein Siegeszeichen. Debora stand von ihrem Platz unter der Palme auf, um in der Stunde der Niedergeschlagenheit den Sieg zu verkünden, um Barak zum Kampf zu motivieren und jedes Joch zu brechen (Richter 4).

Die Späher kamen in ein Tal, das später Eschkol – Traubental – genannt wurde, weil sie dort die Weintrauben abgeschnitten hatten (4. Mose 13,24). Die Weinlese ist eine Zeit der Freude, weil damit auch die Zeit des neuen Weins beginnt. Salomo erhielt die Offenbarung, Gottes Tempel zu bauen, und Gottes Herrlichkeit zeigte sich in Pracht und Majestät. Gott gab Salomo aber auch eine weitere Offenbarung und zeigte ihm eine höhere Herrlichkeit, die ein Gebäude aus Menschenhand nicht fassen konnte (siehe Apostelgeschichte 7,48 + Jesaja 66,1-2).

Die Brüste der Braut werden hier mit **Weintrauben** verglichen. Die Braut hat die Fähigkeit, neuen Wein – Offenbarung und Einsicht – hervorzubringen. Im Alten Bund durfte keine Frau das Allerheiligste betreten oder in Gottes Gegenwart und Herrlichkeit kommen, das gilt jetzt nicht mehr als die Voraussetzung für innige Gemeinschaft mit Gott. Die Gemeinde ist die Braut.

In Johannes 15,1.4 sagt Jesus: *„Ich bin der wahre Weinstock ... Bleibt in mir, und ich [bleibe] in euch! Gleichwie die Rebe nicht von sich selbst aus Frucht bringen kann, wenn* *sie nicht am Weinstock bleibt, so auch ihr nicht, wenn ihr nicht in mir bleibt."* Die innige Gemeinschaft hat Frucht – Weintrauben hervorgebracht, Ausdruck einer Vertrautheit, wie die Hohenpriester im Allerheiligsten sie nicht erlebten.

Es ist eine neue Zeit für die Gemeinde – für Sie und mich – angebrochen, willig jeden Preis zu bezahlen, damit wir uns entwickeln können und die Erkenntnis gewinnen, wie wir in seiner Liebe bleiben. Um in Gottes Gegenwart treten zu dürfen, mussten die Priester einen vollkommenen Körper haben (3. Mose 21,16-23). Wir brauchen das nicht, aber wir müssen wachsen und reifen, um als Braut – die Gemeinde – Weintrauben hervorzubringen, indem wir in Einheit und Schönheit zusammenwirken. In Epheser 4,13 steht: *„ ... bis wir alle zur Einheit des Glaubens und der Erkenntnis des Sohnes Gottes gelangen, zur vollkommenen Mannesreife, zum Maß der vollen Größe des Christus."*

Vers 9: **Ich sprach: Ich will die Palme besteigen und ihre Zweige erfassen; dann (d. Ü. jetzt) werden deine Brüste mir sein wie Trauben des Weinstocks, und der Duft deiner Nase (d. Ü. deines Atems) wie Äpfel.**

Beim Laubhüttenfest in Israel spielen **Palmen** eine wichtige Rolle: Die Israelis bauen für dieses Fest Hütten und schmücken sie vor allem mit Palmzweigen aus. Das Fest erinnert die Israeliten daran, dass Gott sie aus der Sklaverei herausbrachte, und wie er ihnen die Verheißung und das Erbe gab. Es ist keine Zeit der Trauer, sondern eine Zeit des Jubelns, Singens und Tanzens (3. Mose 23,33). Die Menschen versammeln sich und schwingen als Zeichen des Sieges Palmzweige. In Offenbarung 7,9 steht: *„Siehe, eine große Schar, die niemand zählen konnte, aus allen Nationen und Stämmen und Völkern und Sprachen; die standen vor dem Thron und vor dem Lamm, bekleidet mit weißen Kleidern, und Palmzweige waren in ihren Händen.“*

Der Geliebte führt die Braut auf eine neue Ebene. Auf dieser Ebene vertieft sich ihre Beziehung weiter. Jetzt ergreift er die Siegeszweige, um noch mehr Freude hervorzurufen, nicht nur über die Gegenwart, sondern auch darüber, dass ihre Vergangenheit nicht länger eine Quelle des Schmerzes und der Gefangenschaft ist – übersprudelnde Freude darüber, was Gott in ihrem Leben getan und aus welchen Umständen er sie herausgezogen hat. Der Bräutigam hat uns nicht nur befreit, sondern wir sind dadurch komplett frei geworden.

Deine Brüste werden wie Weintrauben sein. Er beschreibt weder die Brüste noch spricht er von den Eigenschaften. Er fordert seine Braut auf, ihr Frausein bewusst zu leben. Genieße, wer du bist. Lass die Frucht der Einheit sichtbar werden. Verstecke dich nicht hinter einem Schleier oder einer Maske. Lass die Verheißung des neuen Weins in deinem Leben sichtbar werden. Vergrabe und versteck dich nicht mehr in den Ängsten der Vergangenheit.

… und der Duft deines Atems wie Äpfel. Das Wesentliche, der Inbegriff ihres Lebens liegt ausschließlich in der

Gegenwart des Bräutigams. In Hohelied 2,3 fand die Braut Ruhe in seinem Schatten: *„In seinem Schatten saß ich so gern, und seine Frucht war meinem Gaumen süß."*

In Schwierigkeiten, in der Mühsal und Hitze des Tages schmeckte sie die Liebe und Ruhe Jesu, aber nun ist ihr Atem, ihr Leben, zu einem Duft für ihn geworden. Es ist der Odem Gottes, der durch sie strömt. In 5. Mose 32,10 steht: *„Er hat ihn in der Wüste gefunden, in der Öde, im Geheul der Wildnis. Er umgab ihn, gab acht auf ihn, er behütete ihn wie seinen Augapfel."* Und in Psalm 17,8 heißt es: *„Behüte mich wie den Augapfel im Auge."*

Vers 10: Und dein Gaumen wie der beste Wein –
der meinem Geliebten sanft hinuntergleitet,
über die Lippen der Schlafenden rieselt.

Die Erwähnung des **Gaumens** steht als Hinweis auf unseren Geschmackssinn, denn auch unser Geschmack muss entwickelt und erweitert werden. Die Zunge ist nicht nur das Zentrum der Geschmacksnerven, sondern auch unser Sprachorgan. Reden zu können, statt nur Worte zu äußern, bedeutet Macht. In Psalm 12,3 steht: *„Sie erzählen Lügen, jeder seinem Nächsten; mit schmeichelnder Lippe, mit hinterhältigem Herzen reden sie."* Die Worte von Mose schmeckten wie der beste Wein, denn Mose hatte die Gegenwart Gottes geschmeckt (siehe 1. Könige 8,56), und deshalb prägten seine Worte das Denken Israels.

Die Braut kann ihren Geschmackssinn erweitern, sodass die Worte, die sie ausspricht, süß heraussprudeln. Die Wahrheit wird keinen Anstoß erregen, sondern annehmbar sein. Sie wird die **Schlafenden** sanft wecken, nicht überreden und nicht überfordern, sie wird Weisheit und Einsicht aussprechen, um Licht in die Dunkelheit zu bringen.

**Vers 11: Ich gehöre meinem Geliebten,
und sein Verlangen steht nach mir!**

Nachdem ihr der Geliebte sagt, wie er sie sieht und wie sehr ihn alles, was sie ist und tut berührt, weiß sie nun mit absoluter Sicherheit, dass er nach ihr verlangt – dass sie das Wichtigste für ihn ist.

**Vers 12: Komm, mein Geliebter,
wir wollen aufs Feld hinausgehen,
in den Dörfern übernachten;**

In dieser Gewissheit und ihrer Freiheit führt sie ihn dorthin zurück, wo sie hergekommen ist. Sie möchte sich vergewissern, wie sehr sie sich durch ihn verändert hat. Gott führte Abraham aus Ur in Chaldäa heraus, um ihn fernab von den Menschen, die ihn kannten, zu verändern und zu verwandeln. Die Braut musste alles verlassen und aufgeben, um neu zu werden (siehe Epheser 4,23-24). Ob und wie sehr eine Verwandlung geschehen ist, wissen wir in Wirklichkeit erst, wenn wir in die alte Umgebung zurückkehren. Doch wenn wir zu früh dorthin zurückgehen, ist die Gefahr zu groß, dass wir in den alten Lebensstil zurückfallen.

Die Braut möchte ihren Geliebten zu den **Feldern und Dörfern** führen, dorthin, wo sie früher mit ihrer Identität und dem Zorn ihrer Brüder kämpfte. Sie möchte über Nacht bleiben, die Nacht dort verbringen, um zu sehen, mit welchem Trost sie die immer noch Schlafenden wecken kann, damit auch sie eine völlig neue Sichtweise bekommen. Sie möchte zeigen, dass sie keine Raupe mehr ist, sondern ein wunderschöner Schmetterling.

Vers 13: Wir wollen früh zu den Weinbergen aufbrechen, nachsehen, ob der Weinstock ausgeschlagen hat, ob die Blüten sich geöffnet haben, ob die Granatbäume blühen, dort will ich dir meine Liebe schenken!

Jetzt ist der Frühling da, von dem der Geliebte zu ihr gesprochen hat, als sie ihn von ihrem Bett hinter der Wand und nur durch das Gitter sah. Nun ist es nicht mehr sein Werben, das sie in ein neues Leben führt. Sie ist erwacht und ihre Liebe steht in voller Blüte. Der Frühling ist gekommen und die langen Nächte und kurzen Tage sind vorüber. Die Braut erklärt ihre Liebe in der Blütezeit von Granatapfelbäumen und Weinstöcken.

Vers 14: Die Alraunenfrüchte verbreiten Duft, und über unseren Türen (d. Ü. Toren) sind allerlei edle Früchte; neue und alte habe ich dir, mein Geliebter, aufbewahrt!

Es ist die Liebe, die uns einzig und allein Sinn und Erfüllung gibt. Und es gibt Zeiten, in denen uns Gott die Gelegenheit gibt, diese Liebe zu beweisen – wie Jesus, der am Kreuz zeigte und bewies, wie sehr er uns liebt. Jesus gab alles, was er hatte: sein Leben. Gott lässt auch für die Braut Zeiten kommen, in denen sie erkennt, dass der Augenblick da ist, alles was sie hat zu geben. Das sind die Zeiten, in denen die Liebe in voller Blüte steht. Ein Duft wird die Atmosphäre erfüllen. **Alraunenfrüchte** sind Liebesäpfel. Sie sollen sexuelles Verlangen wecken und die Fruchtbarkeit begünstigen. Deshalb bat Rahel Lea um einige der Alraunenfrüchte, die Ruben, Leas Sohn, gefunden hatte. Sie wollte sie unbedingt haben, so dass sie Lea eine Nacht mit Jakob versprach. Das Ergebnis dieser Nacht war: Lea wurde schwanger und brachte Issaschar zur Welt. Aus Liebe entspringt Leidenschaft. Im „Webster's Dictionary" wird Leidenschaft als eine extreme, nicht zu steuernde Emotion, als begeisterte Vorliebe oder als Objekt einer starken Begierde oder Zuneigung definiert. In Psalm 69,10 steht in der Übersetzung „Neues Leben": *„Die Leidenschaft für dein Haus brennt in mir."* Als Jesus die Geschäftemacher aus dem Tempel vertrieb, verstanden die Jünger, dass in ihm ein Feuer brannte.

Oft fühlen wir uns angeregt und sind über all das, was Gott tut begeistert, aber es erwächst keineswegs automatisch Frucht in unserem Leben. Es ist unbedingt notwendig, dass wir uns für die Absichten Gottes begeistern. Rahel bekam zwar die Liebesäpfel, aber sie brachte keine Frucht, bis sie schließlich selbst zu Gott flehte (1. Mose 30,14). Die Liebes-äpfel weckten in Rahel zwar ein Verlangen, aber Verlangen allein bringt noch keine Frucht hervor.

Am **Tor** wachsen die verschiedensten Früchte. Tor bedeu-tet Eingang und symbolisiert daher für uns, sich zu öffnen und loszulassen. Die Brautbeziehung beginnt nicht mit Bedürftig-keit, sondern mit einer Fülle kostbarer geistlicher Nahrung, die es ermöglicht, zu Einheit und Erfüllung zu gelangen.

Neue Nahrung bedeutet Frische, Wiederherstellung, Be-ziehung. Niemand kann sich nur aufgrund guter Erinnerungen weiterentwickeln. Gott hat die Fähigkeit in uns hineingelegt, dass wir einerseits Frische, Jugendlichkeit und Begeisterung hervorbringen und gleichzeitig reife Früchte tragen. Nahrung, die bleibt und ewig währt; wahre Werte, die uns befähigen, die rechten Opfer zu bringen. Diese Frucht, die in uns wächst, wird nicht von allen gesehen, und wir bewahren sie für unse-ren Geliebten auf. Wir entwickeln uns so zu einer überreichen Schatzkammer, aus der gerade in Zeiten der Hungersnot die überreiche Fülle fließen kann.

Kapitel 8

Vollendung

Vers 1: Ach, dass du mir wärst wie ein Bruder,
der die Brüste meiner Mutter sog!
Dann dürfte ich dich doch küssen,
wenn ich dich draußen träfe,
ohne dass man mich deshalb verachtete.

Die Braut erkennt, wie sehr seine Liebe sie verwandelt hat, und sie weiß, dass sie in ihrer alten Umgebung nicht frei ist, diese Liebe, die in ihr brennt, frei zum Ausdruck zu bringen. Sie weiß aber in diesem Moment noch nicht, wie es sein wird, der Kultur und den alten Bindungen entgegenzutreten; deshalb macht sie einen Rückzug in ihre alte Traumwelt, in der sie in ihrer Fantasie Befriedigung findet. Sie träumt vor sich hin und ihre Tagträume kreisen um unerfüllte Wünsche. Sie stellt sich ihren Geliebten vor wie einen **Bruder** von derselben Mutter. In einer Haremsgesellschaft gibt es nur einen Vater, aber viele Mütter. Der Vater gibt das Leben, aber die Mutter entwickelt und pflegt die Familienbande. Es ist wie bei Joseph, der sich so sehr nach Benjamin sehnte und deshalb Simeon ins Gefängnis werfen ließ, um die Brüder unter Druck zu setzen. Sie waren dadurch gezwungen, Benjamin nach Ägypten zu bringen. Joseph hatte aus diesem Grund auch die Freiheit, Benjamin einen bevorzugten Platz vor seinen anderen Brüdern zu geben, weil sie beide dieselbe Mutter hatten.

In dem Verlangen, dem Geliebten gegenüber ihre Liebe auszudrücken, stellt sie sich ihn jetzt als einen Bruder vor, den sie umarmen und liebkosen kann, ohne von anderen deswegen verachtet zu werden, weil sie so offen ihre Zuneigung zeigt. Manchmal produzieren unsere Bedürfnisse und Wünsche Vorstellungen, die keineswegs real sind, aber sie vermitteln uns dennoch eine Dringlichkeit, die uns auf eine neue Ebene führt. Jede neue Ebene zieht folgerichtig neue Entscheidungen nach sich.

Vers 2: **Ich wollte dich führen,**
dich bringen ins Haus meiner Mutter;
du würdest mich lehren;
(d. Ü. sie, die mich gelehrt hat)
ich würde dich mit Würzwein tränken,
mit meinem Granatäpfelmost.

Nachdem der Geliebte ihre Liebe erweckt hatte, war sie diejenige, die ihn unter vielen Schwierigkeiten und Missverständnissen suchte. Nun hat sie ihn gefunden und lebt in der Gewissheit seiner Liebe. Diese Liebe gibt ihr die Freiheit, Dinge zu erforschen. Freiheit kommt zuerst aus dem Inneren und zeigt sich dann auch im Äußeren. Die Braut hat Freiheit gefunden, ihre Wünsche und Sehnsüchte zu erforschen und auszudrücken. Nicht alle Wünsche können erfüllt werden, aber sie sind ein Ausdruck dessen, wer wir sind. Sie träumt davon, ihren Geliebten wie einen Bruder in das **Haus ihrer Mutter** zu führen, dorthin, wo sie erzogen und unterrichtet wurde und Teil der Familie war. Dort im Haus ihrer Mutter, wo sie ihre Vorrechte als Tochter hat, würde sie ihren Geliebten mit all ihrer Freundlichkeit verwöhnen.

Der Heilige Geist führt uns durch Phasen, in denen wir den Unterschied zwischen Wünschen oder Sehnsüchten und seinem Willen erkennen. Es gibt eine Ebene der Erfüllung, wo selbst unsere herrlichsten Wünsche und Vorstellungen sich nicht mit der Realität wahrer Erfüllung vergleichen lassen.

Vers 3: **Seine Linke sei (d. Ü. ist) unter meinem Haupt, und seine Rechte umfange (d. Ü. umfängt) mich!**

Es ist seltsam, wie real unsere Vorstellung wirken kann, dass sie uns vereinnahmt und wir plötzlich Dinge glauben, die doch nur einer Illusion entsprangen. Sie können sogar ein bestimmtes Bedürfnis vorübergehend stillen, aber sie sind dennoch nicht real. Die Nähe des Geliebten lässt alle Tagträume verschwinden und gibt ihr wieder die richtige Perspektive. Durch seine Umarmung vermittelt er ihr Realität und Wahrheit.

Vers 4: **Ich beschwöre euch, ihr Töchter Jerusalems: Erregt und erweckt nicht die Liebe, bis es ihr gefällt!**

Wieder sagt die Braut den **Töchtern Jerusalems**, dass sich die Liebe und die rechte Beziehung nicht erzwingen lassen, sie entwickelt und entfaltet sich im richtigen Umfeld und mit der notwendigen Hingabe. Wir sind nicht mehr an dem Punkt, wo wir einfach nur in die Liebe verliebt sind. Christus wird eine Tiefe und Intensität in uns sein, die nicht deshalb entsteht, weil wir sie wünschen oder wollen, sondern weil wir für

Wachstum und Veränderung offen sind, damit die Verwandlung vollendet werden kann.

Vers 5: Wer ist sie, die da heraufkommt von der Wüste, gestützt auf ihren Geliebten? Unter dem Apfelbaum weckte ich dich auf; dort litt deine Mutter Wehen für dich, dort litt sie Wehen, die dich gebar.

Jene Menschen, die die Braut als kleines Mädchen kannten, müssen anerkennen und verstehen lernen, was aus ihr geworden ist. Jesus war als Sohn Josephs bekannt, aber es kam eine Zeit, als die Menschen Christus erkennen mussten, und selbst seine eigene Mutter und seine Brüder mussten eine neue Einsicht bekommen. Dieses Anerkennen kam – auch bei Jesus – erst nach der Wüste. In Markus 1,13 steht: *„Und er war 40 Tage dort in der Wüste und wurde von dem Satan versucht; und er war bei den wilden Tieren, und die Engel dienten ihm."* Die Wüste ist ein einsamer und trostloser Ort, wo wir uns unseren Versuchungen allein stellen müssen. In 5. Mose 8,2 steht: *„Und du sollst an den ganzen Weg gedenken, durch den der HERR, dein Gott, dich geführt hat diese 40 Jahre lang in der Wüste, um dich zu demütigen, um dich zu prüfen, damit offenbar würde, was in deinem Herzen ist, ob du seine Gebote halten würdest oder nicht."*

Es ist nicht die Versuchung, die uns scheitern lässt, sondern unser Verhalten in der Versuchung. Das richtige Verhalten befähigt uns, das richtige Urteil zu fällen. Der Teufel konnte Jesus nicht verleiten. Adam und Eva scheiterten völlig.

Jesus erlag nicht dem Hunger, als der Versucher kam (Matthäus 4,4-11). Die Braut kommt heraus aus der Einsamkeit, aus der Trostlosigkeit, indem sie sich auf ihren Geliebten stützt. Sie gibt ihre Traumwelt auf und geht weg von dem Ort ihrer Not. Sie lässt sich von ihm mit all seiner Herrlichkeit erfüllen. Wir werden so lange bedürftig sein, bis wir unser Brot „auf das Wasser" werfen, damit es zu uns zurückkehren kann (Prediger 11,1). In Sprüche 3,5 steht: *„ Vertraue auf den HERRN von ganzem Herzen und verlass dich nicht auf deinen Verstand."*

Jesus erkannte Nathanael im Geist. In Johannes 1,47-48 sagt Jesus: *„Ehe dich Philippus rief, als du unter dem Feigenbaum warst, sah ich dich!"* In Nathanaels Herzen gab es eine Sehnsucht, ihn zu kennen, aber die volle Erkenntnis hatte er erst in der Gegenwart Jesu. Nur in seiner Gegenwart ist Fülle und Offenbarung (Johannes 1,51).

Jesus ist wie ein Apfelbaum unter Bäumen des Waldes. In Jesu Gegenwart wurde die Braut zur Fülle der Liebe erweckt. Zur Liebe erweckt zu werden ist eine andere Ebene, als in Liebe geboren zu werden. Paulus hatte das Herz einer **Mutter** für die Gemeinde, obwohl er ein Vater war. Er wusste, was Geburtswehen sind. In Galater 4,19 schreibt er: *„Meine Kinder, um die ich noch einmal Geburtswehen leide, bis Christus in euch Gestalt gewinnt ..."* Wir müssen in seine Liebe hineingeboren werden, damit wir wachsen können und uns der Bräutigam erwecken kann. Erst wenn wir in und durch seine Liebe wachsen, können wir die Liebe des Geliebten verstehen und wahrnehmen. Weil die Braut zu einer neuen Ebene der Liebe erweckt wurde, möchte sie Teil von ihm sein.

Vers 6: **Setze mich wie ein Siegel auf dein Herz, wie ein Siegel an deinen Arm! Denn die Liebe ist stark wie der Tod, und ihr Eifer (d. Ü. Eifersucht, so grausam wie das Grab) unbezwinglich wie das Totenreich; ihre Glut ist Feuerglut, eine Flamme des HERRN.**

Ein **Siegel** kennzeichnet einen Besitz. Das **Herz** symbolisiert das absolute Zentrum. In Sprüche 4,23 steht: *„Mehr als alles andere behüte dein Herz; denn von ihm geht das Leben aus."* Die Braut möchte das Zentrum seiner Liebe sein und das Siegel seiner Liebe tragen. Der **Arm** steht als Symbol für Stärke und Zuflucht. Seine Liebe schützt sie und in seinem Arm ist sie – sind wir – sicher. In 5. Mose 33,27 steht: *„Eine Zuflucht ist [dir] der Gott der Urzeit, und unter dir sind ewige Arme."*

Denn die Liebe ist stark wie der Tod, und Eifersucht so grausam wie das Grab. Christus hat mit seiner Liebe den Tod besiegt. Seine Liebe ist stark wie der Tod. Nur durch Jesus können wir so lieben, und überwinden den Tod, auch wenn wir physisch sterben. *„Größere Liebe hat niemand als die, dass einer sein Leben lässt für seine Freunde"* (Johannes 15,13). Jesus ist unser Geliebter und unser Freund.

Eifersucht gehört zu den stärksten Leidenschaften. Wenn wir mit der Liebe unseres Bräutigams spielen oder leichtfertig umgehen, werden wir harte und schwierige Zeiten erleben. Im „Webster's Dictionary" steht, dass Eifersucht ein Verdacht gegen einen rivalisierenden Einfluss ist. Wir lesen in 2. Mose 24,14: *„Denn du sollst keinen anderen Gott anbeten. Denn der HERR, dessen Name ‚Der Eifersüchtige' ist, ist ein eifersüchtiger Gott"* und in 2. Korinther 11,2: *„Denn ich eifere um euch mit göttlichem Eifer; denn ich habe euch {einem} Mann verlobt, um euch als eine keusche Jungfrau Christus zuzuführen."*

Ihre Flammen sind Feuerflammen, überaus heftige Flammen. (d. Ü.) In der englischen „New International Version" steht hier: Sie brennt wie ein loderndes Feuer, wie eine mächtige Flamme.

Der Herr befahl den Priestern, das Feuer auf dem Altar nie verlöschen zu lassen (3. Mose 6,6). Der Priester musste ein Räuchergefäß mit glühender Kohle vom Altar füllen und mit einer Handvoll Weihrauch hinter den Vorhang tragen. Er streute den Weihrauch auf das Feuer, sodass die Rauchwolke den Gnadenstuhl bedeckte. Liebe bringt Opfer hervor, aber auch ein Feuer, das das Opfer verzehrt und dadurch das Leben mit dem Wohlgeruch und Duft der Gnade erfüllt.

Das Feuer seiner Liebe verzehrt auch die Spreu. In Jeremia 20,9 steht: *„Doch da brannte es in meinem Herzen, als wäre ein Feuer in meinen Gebeinen eingeschlossen."*

Vers 7: **Große Wasser können die Liebe nicht auslöschen, und Ströme (d. Ü. Fluten) sie nicht ertränken. Wenn einer allen Reichtum seines Hauses um die Liebe gäbe, so würde man ihn nur verachten!**

Satan trat vor Gott und beschuldigte Hiob. Hiob würde Gott nur lieben, weil ihn dieser segnen und beschützen würde. Aber der Ankläger, Satan, musste feststellen, dass alle Nöte, aller Kummer und Anfechtungen Hiob nicht veranlassen konnten, Gott zu verfluchen – nicht einmal seine eigene Frau konnte ihn dazu bringen, Gott aufzugeben. Gottes Liebe ist in uns so stark und ewig, dass sogar Anfechtungen eine Tür und einen Weg zum Königreich Gottes öffnen. In Hiob 42,5 erklärt Hiob: *„Vom Hörensagen hatte ich von dir gehört, aber nun hat mein Auge dich gesehen."* Wir lesen in Apostelgeschichte 14,22: *„… dass wir durch viele Bedrängnisse in das Reich Gottes eingehen müssen"* und in 2. Korinther 4,8-10: *„Wir werden überall bedrängt, aber nicht erdrückt; wir kommen in Verlegenheit, aber nicht in Verzweiflung; wir werden verfolgt, aber nicht verlassen; wir werden niedergeworfen, aber wir kommen nicht um; wir tragen allezeit das Sterben des Herrn Jesus am Leib umher, damit auch das Leben Jesu an unserem Leib offenbar wird."*

„Wenn einer allen Reichtum seines Hauses um die Liebe gäbe, so würde man ihn nur verachten!" In der englischen „New Century Version" steht hier: *„Selbst wenn jemand alles, was er in seinem Haus hat, für Liebe gäbe, würden die Men-*

schen ihn nur verachten und verstoßen. " Die Geliebte weiß, dass es Dinge im Leben gibt, die man mit Geld nicht kaufen kann, und dazu gehört vor allem die Liebe. Selbst wenn wir alles geben, können wir damit keine **Liebe** kaufen, und wenn wir alles hingeben – ohne Liebe, nützt es nichts (1. Korinther 13,2-3).

Vers 8: **Wir haben eine kleine Schwester, die noch keine Brüste hat. Was tun wir nun mit unserer Schwester an dem Tag, da man um sie wirbt?**

In unserem Wachstumsprozess, in den uns Gott hineinnimmt, spüren wir sehr schnell, wenn wir mit Menschen ins Gespräch kommen, dass wir manchmal einander zwar dieselben Worte sagen, uns aber in unserem Verständnis auf völlig verschiedenen Ebenen bewegen. Ein Verständnis auf derselben Ebene erreicht man nicht durch Erklärungen; denn die Tiefe kommt nur durch ein inneres Wachstum, bei dem das Licht des Heiligen Geistes innere Erleuchtung bringt. Der Geliebte und die Braut wissen, dass es da noch eine jüngere **Schwester** gibt, die noch nicht erwachsen und voll entwickelt ist. Die Braut liebt ihre Schwester, weil sie zur selben Familie gehören, und deshalb ist sie besorgt, weil Wachstum längst noch nicht Reife und Fülle bedeutet. Die Braut sagt: **Was tun wir nun mit unserer Schwester an dem Tag, da man um sie wirbt?** Manchmal denken wir, dass Gott schon so lange warten wird, bis wir antworten und reagieren. Aber erinnern wir uns, als Jesus hungrig war und essen wollte, verfluchte er den Feigenbaum, weil er nur Blätter und keine Früchte trug (Matthäus 21,18-22). Die jüngere Schwester ist noch nicht zur Frau herangereift. Deshalb ist sie auch noch nicht bereit für eine Ehe und die Intimität. Die Braut weiß, dass sie der jüngeren Schwester Raum schaffen muss, damit sie sich entfalten kann.

Vers 9: **Ist sie eine Mauer, so bauen wir eine silberne Zinne darauf; ist sie aber eine Tür, so verschließen wir sie (d. Ü. so zäunen wir sie ein) mit einem Zedernbrett!**

Die Braut weiß: Wenn die jüngere Schwester versteht, dass auch ihre Bestimmung im Schutz seiner Gnade geborgen ist, dann kann sie darauf aufbauen und es wird ihr mehr übertragen. Der Herr sagte zu Mose: *„Lege deine Hände auf Josua. In ihm ist ein anderer Geist."*

Ein Palast ist eine königliche Wohnung. Im Lateinischen bezeichnet das Wort ein Gebäude, das von einem Zaun umgeben ist. In 1. Chronik 29,1 sagt David: *„Mein Sohn Salomo, der einzige, den Gott erwählt hat, ist noch jung und zart; das Werk aber ist groß, denn nicht für einen Menschen ist dieser Tempelbau bestimmt, sondern für Gott, den HERRN."*

David bereitete alles vor, damit Salomo Gottes Haus bauen konnte. Die Braut weiß, dass sie die Vorbereitungen treffen muss, um in die Herrlichkeit Gottes eintreten zu können, sie muss die Gelegenheit schaffen und aus der Wüste heraus, um in die Fülle zu gelangen. Wenn die jüngere Schwester aber wie eine Tür ist, öffnet sie sich möglicherweise auch für andere Gelegenheiten. Sie muss innerhalb ihrer Grenzen bleiben, so wie sich Ruth nur auf dem Feld von Boas aufhielt. Damit ihre kindliche Unreife sie nicht in Schwierigkeiten bringt, wird die Braut dafür sorgen, dass ihre Schwester **mit Zedernbrettern** zurückgehalten wird. Zedernholz ist für seine enorme Haltbarkeit bekannt. In Gott verwurzelt zu sein, bringt Beschränkungen mit sich. Für manche Bäume muss z. B. der Gärtner ein tiefes Loch graben und dafür sorgen, dass die Wurzeln sich nicht ausbreiten, sondern in die Tiefe gehen. Erst wenn die Bäume tief verwurzelt sind, kann sich die Baumkrone ausbreiten. Viele Menschen fühlen sich in ihrem Handeln oder in ihrem Gewissen nicht frei, weil sie sich durch so vielerlei Überzeugungen beeinflussen lassen (1. Kor. 6,12). Unsere Freiheit in Christus kann einen anderen Menschen zu Fall bringen, der die Gnade nicht versteht (1. Kor. 10,23-29).

Vers 10: Ich bin eine Mauer,
    und meine Brüste sind wie Türme;
    da wurde ich in seinen Augen wie eine,
    die Frieden gefunden hat.

Die Braut ist nicht mehr um ihre Schönheit besorgt. Sie weiß, wer sie in Christus ist, und ist deshalb völlig geborgen. Sie ist nicht länger auf äußere Zustimmung angewiesen, sondern kennt ihr Wachstum.

    … und meine Brüste sind wie Türme. Ihr Frausein wird hervorgehoben. Sie genießt Ehre und Respekt. Sie hat sich voll entwickelt und durch ihr gewachsenes und gestärktes Bewusstsein wird Substanz sichtbar. Sie kann andere ernähren. Die Gemeinde – die Braut – ist nun so weit entwickelt, dass sie anderen Nahrung geben kann. **Da wurde ich in seinen Augen wie eine, die Gunst gefunden hat** (King James Version). Geliebt zu werden ist eine Sache; etwas ganz anderes ist es, bei Menschen und bei Gott Gunst zu finden. Viele Familien funktionieren nur durch Ausübung von Autorität oder in festgefahrenen Rollen. In der Ehe erlebt man Freude auf vielfältige Weise, das bedeutet aber dennoch nicht, dass man Gunst gefunden hat. Gunst ist mehr, als nur gemocht zu werden. Gunst bedeutet Erfüllung, Frieden, Freundschaft, Wohlstand und Erfolg. Gunst entspringt aus Fülle und schafft Fülle. Manche von uns versuchen, etwas zu erzwingen, weil wir uns abgelehnt fühlen, und wir weigern uns, auf die Gunst des Herrn zu warten. Joseph, Esther und viele andere besaßen den Einfluss, Umstände nicht durch Macht, sondern durch Gunst zu verändern. Die Gemeinde muss Gunst finden, um effektiv zu sein. Gunst ist nicht ein gutes Gefühl, sondern vielmehr Frieden und Erfüllung.

Vers 11: Salomo hatte einen Weinberg bei Baal-Hamon; er übergab den Weinberg den Hütern, jeder sollte für seine Frucht tausend Silberlinge bringen.

Baal-Hamon bedeutet *der, der Überfluss besitzt*. Salomo ist ein Bild für Christus in Bezug auf die Fülle und Überfluss. Er vertraut uns – wie damals Adam und Eva im Garten Eden – Dinge an, damit wir sie pflegen und bewahren. Das, was uns Gott anvertraut, dürfen wir nicht für uns selbst beanspruchen oder zu selbstsüchtigen Zwecken benutzen. In Matthäus 21,33-40 erzählt Jesus das Gleichnis vom Pächter. Dieser betrachtete den **Weinberg** als seinen Besitz. Er schlug, tötete und steinigte diejenigen, die kamen, um den Ertrag für den Eigentümer zu holen. Wie oft sind wir uneinsichtig und wollen das, was Gott uns gegeben hat, nicht mit anderen teilen.

Vers 12: Mein eigener Weinberg liegt vor mir;
   die tausend gehören dir, o Salomo,
   und zweihundert den Hütern seiner Frucht!

Die Braut erinnert sich daran, wie sie einst den Weinberg ihrer Brüder – und nicht **ihren** eigenen **Weinberg** hütete (siehe Kapitel 1). Die Arbeit ihrer Hände brachte ihren Brüdern reiche Frucht, während sie selbst unterentwickelt blieb. Aber nun weiß sie, dass sie für ihren eigenen Weinberg verantwortlich ist. Ihr Leben und ihre Beziehung zu dem Geliebten müssen die Früchte des Geistes hervorbringen, um das Reich Gottes zu bauen und dem, den sie liebt, zu nützen. Jesus schenkt uns großartige Gelegenheiten, und wir als Gemeinde müssen Frucht und Überfluss hervorbringen, die ihn erfreuen.

Vers 13: Die du in den Gärten wohnst,
   die Gefährten lauschen deiner Stimme;
   lass mich sie hören!

Die Braut hat die innige Vertrautheit und Liebe erlebt und sehnt sich danach, bei ihrem Geliebten zu sein. Sie kann nicht nur für die Liebe leben, sondern muss auch ihren **Garten** pflegen, um ihre Bestimmung hier auf der Erde zu erfüllen. In dem Maße, wie wir uns danach sehnen, Gottes Gegenwart und Kraft zu erfahren, befähigt uns die Liebe Christi, das Leben auf dieser Erde zu genießen. Aus der Fülle des Lebens hören wir eine Stimme, einen Klang, der die Größe Gottes zum Ausdruck bringt. Die **Gefährten** der Braut werden den Klang hören, den ihr Leben hervorruft.

Vers 14: Eile dahin, mein Geliebter (d. Ü. meine Geliebte), und sei der Gazelle gleich oder dem jungen Hirsch auf den Balsambergen!

Wir werden unsere Bestimmung nie verstehen, wenn wir in Verzweiflung verharren. Die Braut wartet freudig darauf, neue Ebenen zu erklimmen und lässt zurück, was der Vergangenheit angehört. Auf dieser neuen Ebene gibt es keine Begrenzungen oder Einschränkungen der fleischlichen Natur mehr. Der Bräutigam fordert nun seine Braut auf, der **Gazelle** und dem jungen **Hirsch** gleich zu sein, er erwartet von ihr, dass sie ihm gleich wird (Hohelied 2,9). Und wie eine Gazelle oder ein junger Hirsch springt die Braut jetzt über jede Begrenzung hinweg. Die Herausforderung von gestern ist die Erfüllung von heute. Der Geliebte kommt von den **Balsambergen**; der Gipfel ist erreicht, und das Aroma des Sieges hat die Erde erfüllt.

Möge der Herr uns die Bereitschaft und Entschlossenheit geben, der hohen Berufung nachzujagen, damit seine Liebe durch die Verwandlung unseres Lebens sichtbar wird.

Sigi Oblander gilt als geistliche Persönlichkeit, die von Gott in vollmächtiger Weise im Dienst gebraucht wird. Sie wurde mitten in den Kriegswirren des 2. Weltkrieges in Berlin geboren und wuchs unter dem kommunistischen Regime auf. Ihre Familie floh in die sog. „Freiheit", die sich aber als eine von Gott entfernte geistliche Wüste herausstellte.

Mit Entschossenheit machte sie sich auf den Weg, ihre göttliche Bestimmung zu entdecken und die Realität und Kraft der echten Freiheit zu finden. Sie suchte Gott und war sicher, ihn auch inmitten von Unterdrückung und Mangel zu erleben. Sie versteht ihren Dienst als Reporter des Heiligen Geistes und geht in Länder und an Plätze, an die wenige gehen.

Sie ist regelmäßig in Südafrika und bringt seit über 35 Jahren prophetische Botschaften von Vergebung und Wiederherstellung. Sigi war in den Kriegsgebieten in Vietnam, Bangladesh, Kambodscha und Afghanistan. Sie wurde vom KGB gefangen genommen, weil sie Bibeln geschmuggelt hatte. Sie wurde als Geisel an der afghanischen Grenze festgenommen, weil sie sich als Mann verkleidete, um ihre Identität zu schützen. Sie brachte Hoffnung in das vom Krieg zerstörte Uganda, Mozambique und Angola und in viele weitere Ländern Afrikas.

Sie versteht es, ihre Zuhörer aufzurütteln und in ihnen das Verlangen zu schüren, Gott wieder entschlossen nachzufolgen, erwachsen zu werden und die Kraft des Heiligen Gesites für die eigene Berufung neu aufzugreifen.

Sigi wohnt mit ihrem Ehemann David in Atlanta, Georgia (USA) und ist Mutter von zwei erwachsenen Söhnen.

Wir freuen uns, wenn Ihnen dieses Buch gefallen hat.

Wenn Sie mehr über Sigi Oblander und ihren Dienst erfahren möchten, bitten wir Sie, im Internet folgende Adresse einzugeben:

www.sigioblander.com

Dort erfahren Sie u.a. die Termine, wann Sigi Oblander in Deutschland ist.
Sie können über die Webseite oder per Post mit ihr Kontakt aufnehmen, wenn Sie Sigi zu einem Dienst in Ihrer Gemeinde oder Ihrem Werk einladen möchten.

Sigi & David Oblander Ministries
PO Box 1894
Buford, GA 30516 USA

Es stehen zahlreiche Predigtkassetten zur Verfügung – sowohl in Englisch wie auf Deutsch. Sie können die Kassetten ebenfalls über die Webseite (oder die deutschen Kassetten auch direkt bei teamwork 17.12) bestellen.

Bevor wir Ihnen weitere im Verlag teamwork 17.12 erschienene Bücher nennen, möchten wir auf eine Frage Antwort geben, die uns oft gestellt wird:

teamwork 17.12 woher kommt dieser Name?

Aber die Hände Moses wurden schwer, darum nahmen sie einen Stein und legten den unter ihn, und er setzte sich darauf, Aaron aber und Hur stützten seine Hände, auf jeder Seite einer. So blieben seine Hände fest, bis die Sonne unterging. 2. Mose 17,12

Dieser Bibelvers ist für unser Verlagshaus Grundlage und Vision. Wir möchten mit unseren Veröffentlichungen den heutigen Leitern unter die Arme greifen und sie stützen, damit sie ihren Dienst ungehindert ausführen können, und uns - das Volk – segnen und der Sieg errungen wird.

Verlag, Musik + Handel GmbH

Auszug aus unserem Verlagsprogramm:

Steve FRY	**Neu entfacht** Gott mit Leidenschaft suchen
Steve FRY	**Ich bin der Ich bin** Gott offenbart sich
Jack W. HAYFORD	**Warum für Israel beten?** 8 Gründe, warum wir an der Seite Israels stehen sollten
Sam HINN	**Von Angesicht zu Angesicht** Komm in seine wunderbare Gegenwart
Larry KREIDER	Sehnsucht nach geistlichen Vätern und Müttern. Eine begeisternde Vision für authentische und fürsorg- liche Beziehungen
Larry KREIDER	**Von Haus zu Haus** Zellgruppen-Gemeinde, das Erfolgsmodell der Ur-Gemeinde
Jamie LASH	**Die Jüdische Hochzeit** Ein Sinnbild für die Gemeinde Jesu Der Messias kehrt zu seiner Braut zurück
Jamie LASH	**A Kiss a Day** 77 Andachten führen uns tiefer in das Hohelied und in Gottes Liebe

)

Auf unserer Internetseite: www.teamwork17-12.de
finden Sie neben unserem kompletten Buch- und
Musikprogramm
(CDs, DVDs) auch t-shirts und Grusskarten.
Selbstverständlichen finden Sie auf der Webseite auch Lese-
und Hörproben.

Auf Wunsch senden wir Ihnen das Verlagsprogramm auch
per Post zu. Sie können es anfordern unter:

teamwork 17.12
Verlag, Musik + Handel GmbH
Industriestrasse 9
61191 Rosbach-Rodheim
E-Mail: info@teamwork17-12.de

Wir bedanken uns bei Ihnen.

Verlag, Musik + Handel GmbH